信息化教育管理与教学研究

陈 琛 张彩霞 程 烁◎著

北京燕山出版社
BEIJING YANSHAN PRESS

图书在版编目（CIP）数据

信息化教育管理与教学研究 / 陈琛，张彩霞，程烁
著.—北京 ：北京燕山出版社，2023.10
ISBN 978-7-5402-7016-2

Ⅰ．①信… Ⅱ．①陈… ②张… ③程… Ⅲ．①教育管
理学－信息化－教学研究 Ⅳ．①G46-39

中国国家版本馆 CIP 数据核字（2023）第 135348 号

信息化教育管理与教学研究

作　　者	陈琛　张彩霞　程烁
责任编辑	李　涛
出版发行	北京燕山出版社有限公司
社　　址	北京市西城区椿树街道琉璃厂西街20号
电　　话	010-65240430
邮　　编	100052
印　　刷	北京四海锦诚印刷技术有限公司
开　　本	787mm×1092mm　1/16
字　　数	203千字
印　　张	11.25
版　　次	2024 年 4 月第 1 版
印　　次	2024 年 4 月第 1 次印刷
定　　价	78.00 元

作者简介

  陈琛，女，1981年出生于山东威海，取得山东大学英语语言文学硕士学位。现就职于威海职业学院，主要从事教育教学管理工作，致力于高职教育教学研究与实践18年。取得山东省职业院校信息化教学大赛三等奖、山东省职业院校教学能力大赛三等奖。作为主要参与人参研教育部职业院校外语类专业教学指导委员会重点课题1项、一般课题1项；参与山东省职业教育教学改革研究项目1项。

  张彩霞，女，河北沧州人，现任中共沧州市委党校文史教研室主任，副教授。沧州市理论宣讲先进个人。

  程烁，男，1984年出生于福建福州，本科，毕业于计算机科学与技术专业。从教11年，教学经验丰富，现任职于福建省邮电学校办公室，讲师。曾参加福建省2020年中职学校公共基础课数学学科骨干教师培训班，福建省教师信息技术应用能力提升工程2.0骨干教师培训班。

前　言

时代发展趋势促使我国提出了科教兴国和人才强国的战略，在此方针指导下，新课程改革已经轰轰烈烈地开展起来，并取得了巨大的成绩。新课程旨在提高人文素养，提高人的整体素质，这对教师的素质提出了更高的要求。教师应打破旧有的思想观念，树立先进的教育教学思想，从旧有的传统经验型教师向学习型教师转变，即教师应从更新的角度、从更深的层次上认识自己的角色和所担负的历史使命。教师不仅要做知识的传递者、学生智力的开发者，更要做学生道德的引导者、心灵的开拓者、思想的启迪者和精神的塑造者。

信息技术在教育教学领域内深入而广泛的应用构成了21世纪以来最为重要的创新活动，在很大程度上重塑了教育教学的历史与现实景观。然而，教育教学本身便是一项高度复杂的社会活动，信息技术在教育教学领域内的扩散也是一个复杂的过程，二者之间的叠加进一步增加了信息技术支持下教育教学活动的复杂性。如何驾驭这种复杂性，是信息技术支持下教育教学创新与发展面临的最为严峻的挑战。

就我国当前教育改革与发展的现实需求来说，最为重要的便是如何促进教育公平，并提升教育质量。公平和质量构成了当前我国教育改革与发展的两大主题。作为长期致力于信息技术教育应用研究与实践的学者，我们需要思考的问题则是如何充分发挥信息技术对教育的重要影响，以教育信息化带动教育现代化，在深化教育领域综合改革的过程中，利用信息技术推动教育教学创新，促进教育公平，提升教育质量，平衡教育资源。

近年来，随着互联网技术的快速发展与普及应用，教育信息化发展也迈上了新的台阶。信息化教学不再局限于传统意义上的多媒体形式，如：PPT、幻灯片、视频动画课程、教育小游戏等，而是通过移动互联网、数字交互、人工智能等与富媒体技术的融合，覆盖教学内容、教学方法、教学模式全流程，全面打破传统教学过程中师与生、教与学之间的多重壁垒，构建教学效率全面提升的、更深层次场景感的智慧课堂。

教育信息化是推动高等教育改革与发展的需要，也是高等教育现代化的必由之路，还是高校实施组织教育和创新人才培养的需要。本书从信息化教育背景出发，内容涵盖了信息化教育管理、信息化教育资源的开发、信息化教学过程的实施、远程教育与智慧教育在教学中的应用等内容，对于我国高等教育今后的信息化建设具有一定的指导意义，且能推动我国高等教育改革有序进行。另外，本书精准论述了信息化环境下，创新高校教育管理具体策略与发展定位，为优化学生培养机制提供了重要的基础。

作者

2023年6月

目　录

第一章　信息化与教育信息化探究

信息化与教育信息化的出现不是偶然的，它是全球经济和社会发展的大趋势。它是顺应经济和社会发展的内在规律，在社会经济、政治、科学取得巨大成就的前提下产生的。从人类社会历史发展的内在规律来说，信息化是在科学技术生产力高度发展，尤其是电子信息技术引发的信息改革的条件下产生的，是人类寻求本身发展、化解社会矛盾、对社会生产关系进行调整的产物。教育信息化也成为必然趋势。

第一节　信息化的内涵

信息化的出现不是偶然的，它是全球经济和社会发展的大趋势，它是顺应经济和社会发展的内在规律，在社会经济、政治、科学取得巨大成就的前提下产生的。从人类社会历史发展的内在规律来说，信息化是在科学技术生产力高度发展，尤其是电子信息技术引发的信息改革的条件下产生的，是人类寻求本身发展、化解社会矛盾、对社会生产关系进行调整的产物。

信息化是利用以计算机为主的信息技术为生产工具，依托强大的网络技术，将信息化生产力转换为新的生产力，应用在社会经济的各个领域中，利用信息技术处理方法实现信息资源共享，从而推动社会经济的各个领域快速发展。信息化是一个不断累积的信息技术发展过程，人的信息化、企业的信息化、国家的信息化将极大地提升国家现代化水平、企业运行效率，改变人们的生活方式。

一、信息化的发展

我国的信息化从20世纪80年代开始萌芽，90年代正式启动，大致经历了萌芽、初创、发展、完善四个时期。萌芽时期是全球个人电脑和计算机软件行业迅速发展的时期，随着改革开放的深入开展，我国的国民经济结构也在调整。政府和产业界认为我国计算机产业的发展，不应该只是传统的开发制造计算机硬件设备，关键是普及计算机应用，以应用带动计算机的开发、发展和创新。初创时期，我国陆续推出"金桥""金卡""金关"等重大建设项目，这是中国国民经济信息化蓬勃发展的前奏。90年代，我国成立了国家经济信息化联席会议，提出了"统筹规划、联合建设、统一标准、专通结合"的16字方针。发展时期，在国务院的统一领导下，国务院信息化工作领导小组在深圳召开了首次全国信息化工作会议，明确了国家信息化的定义和国家信息化体系六要素。完善时期，在党的文件中对中国信息化的历史作用和地位给予高度的评价。

我国政府在信息化的不同时期，始终把经济领域信息化放在首要位置，并逐步推进社会信息化、教育信息化，尤其是高等教育信息化。国家把信息化上升到战略全局的高度，标志着我国信息化大发展时期已经到来。

二、信息化发展的基本趋势

信息化的发展趋势可以从技术、经济、社会等多个角度进行考察，从技术可能性的角度看信息化的发展，表现在从数字化向网络化的发展趋势上，信息技术的更新和计算机的发展是密切联系的。在现代社会中，只有精密的计算机系统才能满足人们对信息智能化、自动化、多元化的需求，但是如果信息处理终端彼此是隔离的、孤立的，则难以满足信息资源共享的要求，也会给数字化本身带来制约。同时，社会发展对网络传输的内容和质量提出了更高的要求。因此，由数字化向网络化发展反映了技术和应用发展的必然趋势。

网络发展大致可以划分为三个阶段：基础设施建设阶段、网络软件及服务系统化阶段和网络内容应用阶段。按照这个划分方法，我国信息化发展目前处于网络基础设施建设的中期，部分进入了网络软件及服务系统化阶段的初期，信息化已经遍布政治、经济、教育等各个领域，总体上处于网络化信息内容应用的初期，还处于迅速发展的过程中。

三、现代信息技术

（一）云计算

1.云计算的定义

云计算（Cloud Computing）是基于互联网的相关服务的增加、使用和交付模式。"云"是网络、互联网的一种比喻说法，过去往往用"云"来表示电信网，后来也用"云"来表示互联网和底层基础设施。狭义的、云计算指IT基础设施的交付和使用模式，指通过网络以按需、易扩展的方式获得所需资源；广义的云计算指服务的交付和使用模式，指通过网络以按需、易扩展的方式获得所需服务。这种服务可以和软件、互联网相关，也可以是其他服务。它意味着计算能力也可作为一种商品通过互联网进行流通。

2.云计算的特点

云计算可以使计算分布在大量的分布式计算机上，而非本地计算机或远程服务器中，企业数据中心的运行将与互联网更相似。这使得企业能够将资源切换到需要的应用上，根据需求访问计算机和存储系统。

云计算是分布式处理、并行处理、网格计算、网络存储、虚拟化等计算机应用技术发展融合的产物，是依托互联网，面向客户提供安全、快速、便捷的数据存储和网络计算的服务模式，是一种新的IT基础设施的交付和使用模式，是指用户通过互联网络以按需、易扩展的方式获得所需的资源，如：基础硬件、系统平台或程序软件等。

3.云计算在高校建设中的应用

云计算是一种全新的信息技术，它可以将所有信息资源、网络、服务器、存储等集中起来，通过云信息技术将其定义为一个虚拟的服务，然后通过"租赁"的方式提供给用户。云计算能推动高校新一代数据中心建设，有效地节约高校信息化建设的资金投入。云计算从诞生到现在，已经成为最热门的信息技术。"云"的强大已经被大家所公认，而且"云"的潜力还未完全被挖掘和发现。

高校信息化建设自然离不开"云"。如何利用云计算促进高校信息化建设，是目前所有高校面临的新问题。国内外知名的信息服务企业和高校对"云"应用的成功经验告诉我们，云计算已经是高校信息化技术必不可少的信息、技术应用。

（1）云服务

高校可以利用云计算建设属于自己的私有云，将高校的各种教学资源、软件、硬件都集成在私有云上，它其实也就是高校的数据应用平台。高校的每个用户并不需要有强大的硬件来支持软件的应用，因为虽然软件本身对硬件的要求很高，但是数据平台集成了强大的超级计算机。高校可以通过私有云大大地减少硬件、网络等设施的采购，降低运营成本。云计算将使高校无须再购买任何的软件，也许有一天云计算会让单机版软件成为过去。云服务可以为高校提供大量免费的常用软件，比如Office办公软件，只要高校用户通过Web上网，向云服务发出申请并得到专业管理人员的同意，这类云服务都将是免费的。

（2）云存储

云存储是一种采用联想主机云存储虚拟化管理系统，建立存储管理虚拟层，可以在异构或同构存储之间进行镜像和建立统一存储资源池，实现存储无关性。

高校教师、学生、管理者都可以通过Web将各种信息资源上传到高校的私有云数据平台上。高校的任何一个人都可以在任何地点上传和下载信息资源，即使在一个较为老旧的机器上一样也能很快地实现资源共享。在一个云计算的网络中，不论是教学信息资源还是个人的信息资源都可以上传到云存储平台上去，任何时候都不必担心资料丢失和被病毒侵袭，只要能运行Web程序就可以随时随地地进行下载和使用。云存储服务有点类似于上传到FTP空间，但又和FTP完全不同。FTP是一台计算机，而云端是N台超级计算机协同组成。云存储始终保留多个副本，即使部分计算机系统崩溃也能保证用户的数据正常运行、存储和下载。

存储是信息化管理的核心，在高校构建云存储平台具有重大意义。

第一，统筹整合，减少投入。使用云存储技术整合高校中的服务器资源，构建统一的资源池，并根据各职能部门业务需求按需分配资源，可解决传统独立管理模式中由于资源应用不均而带来的硬件资源浪费及重复投资问题，节约开支。云存储系统可根据部门的业务需求动态分配资源，避免了传统管理中频繁购置设备的问题，仅在所有资源紧张的情况下才进行全系统的投资升级。另外，云存储的虚拟性还可整合多种硬件，充分利用早期设备，达到物尽其用。

第二，统一接口，管理方便。云存储系统使用统一的管理接口、规范的管理方式管理各个底层的存储服务器，大大降低了管理员的工作难度和人员开销。

第三，运行稳定，质量保证。云存储的冗余备份和负载均衡等技术能很好地协调各基层存储设备，杜绝传统模式中系统维护或服务器宕机等带来的服务中断问题，更好地保证服务的质量和运行的稳定。

（3）云安全

云计算提供了非常安全的数据存储中心，高校用户不用担心存储在云端的信息资源数据丢失、病毒侵扰，用户也不用担心系统崩溃造成数据丢失。云存储为用户备份了大量的副本，云系统是由N台超级计算机组成的。

（4）云桌面

在高校云计算管理系统应用的过程中，一个基于云桌面设置之下的高校信息化系统的架构模式，通过会议应用服务层面分层结构、客户端层面的云操作系统架构，以及接入控制应用服务等几个方面的系统架构，进行相互协作，协调配合，来完成云操作计算系统，实现高校信息化的应用。

在云计算信息系统的组织架构过程中，为了相关的系统维护运行便利，系统设计方面维护人员通过各种不同类型的控制终端，通过云操作桌面的操作协议，可以有效访问云数据库中的应用系统和应用程序，并且通过一系列的用户协议可以便捷地进行地址和门户网站的访问。在云系统中访问地址或者门户时，会设置访问调节均衡性的负载器，负载器的管理由用户操作桌面的管理系统进行控制。在管理中，一般会采用微软的AD活动目录来进行控制，并且对操作者身份进行识别和验证。在认证中通过计算机操作桌面系统将认证的结果通过协议定向到随机定制的计算机云操作桌面系统中。高校云计算信息系统通过云计算终端的仿真服务器和虚拟桌面操作程序运行个性化的操作管理系统，通过云计算终端的特定传输协议，将云计算结果和分析数据分发给管理人员相应的终端设备。管理人员通过终端设备的控制将动作协议传送给云操作系统服务器；服务器接收到相应的指令后，运行相关操作，并将计算结果返回给管理终端设备。在高校信息化系统架构中，云计算操作系统采用此种系统架构模式能够提高数据传输和运算中的可靠性，且云系统架构运行维护成本也较低。在云操作运算管理系统中，通过终端的灵活传输协议，可以使高校的相关管理人员能够随时对数据进行管理，从而保证云计算对于高校信息化管理的实时性。

高校云计算系统架构和组织安排应该通过云桌面的系统架构方式来进行，高校云系统应用应该采用统一、集中、灵活的管理操作模式。在云系统终端维护方面，采用灵活的系统终端运行架构，能够减少云计算运行系统中相关故障的维修费用，在系统操作灵活性和实时性方面也会有所提高，在终端设备管理中能够节省大量的开支，极大地降低运行日常维护人员的工作任务量，保证高校信息化管理高效实施。

4.云计算在高校信息化建设中的优势和问题

云计算已经在许多高校开始应用，云计算的强大功能给高校信息化带来全新的面貌。

（1）云计算在高校信息化建设的优势

第一，大大节约高校信息化建设资金投入。以往高校信息化建设资金主要投入软硬件设施购买方面。云计算在高校信息化建设中应用以后，云计算对硬件要求极低，高校只须购买最低配置的设备即可实现高速的信息化运行环境，也避免了升级带来的资金消耗，实现高校资源整合，建立统一的平台。目前，高校信息化建设需要建立统一的标准才能实现信息资源共享。而云计算将统一标准、信息化环境的建设、各软件和系统的安装任务都交给了云服务提供商，从而把过去毫无规律的数据接口变成了统一的平台，形成一个与自身操作系统、软件版本、开发环境、服务器配置无关的统一的网络平台，极大地提升了资源共享、软件开发的可行性，大大提高了资源的利用率。

第二，提升了教育信息化质量，提高了办公效率和管理效率。云计算出现之前，教学信息化质量的提升、办公效率和管理效率的提高都需要教职员工提升信息化意识，自觉学习并增强信息化技术能力。而云计算的出现有利于各高校建立拥有丰富教学信息、资源的平台，可以为教师和学生提供大量的教学信息和资源。高校教职员工只需要登录Web系统，可以随时随地在云端进行学习、办公和管理活动。师生通过相互交流学习，可以进一步提升教育信息化质量。随着云计算的深入，无纸办公成为现实，可以随时随地通过云计算快捷地管理和处理工作，极大地提高了高校办公效率和管理效率。

第三，保障了信息资源的安全。过去信息安全问题一直困扰着信息安全系统的正常运行，单机服务器的不稳定给信息化建设带来了诸多的不确定因素。云计算出现后，提供了非常安全的数据存储中心，高校用户不用担心存储在云端的信息资源数据丢失和被病毒侵扰，也不用担心系统崩溃、病毒侵扰所造成的数据丢失。

（2）云计算在高校信息化建设中存在的问题

云计算给高校信息化建设带来全新的理念，其强大的功能给高校信息化建设带来很多的好处，但是目前掌握云计算技术应用的人还很少，技术本身和技术应用也有不成熟的方面。所以，云计算的应用目前还处于初期磨合状态。

（二）物联网

1.物联网的定义

物联网（Internet of Things）是新一代信息技术的重要组成部分。物联网是通过射频识别、红外感应器、全球定位系统、激光扫描器等信息传感设备，按约定的协议把任何物品与互联网相连接，进行信息交换和通信，以实现对物品的智能化识别、定位、跟踪、监控和管理的一种网络。物联网可以让所有人、所有物品都通过互联网连接起来，方便识别、监管和控制。物联网是继计算机、互联网、移动通信网之后，带给世界信息产业的第三次浪潮。物联网技术是现代信息技术备受关注的焦点，也是当前世界经济、社会进步、科技发展的重要战略制高点。

物联网应用极其广泛，遍及智能交通、环境保护、政府工作、公共安全、平安家居、智能消防和工业监测等多个领域。物联网不是一个简单的信息管理系统，是一个涉及多种学科领域（如：生物、物理、通信、微电子、计算机等）的复杂信息系统，融合了感知和识别技术、网络通信技术、数据处理技术、信息安全技术等多种技术。

2.物联网的特点

（1）物联网技术是各种"传感技术"的广泛应用

物联网上装载了大量不同类型的传感器装置。传感器能感受到被测量的信息，并将感受到的信息按一定规律转换为电信号或其他所需形式的信息，以满足信息的传输、显示、存储、控制等要求。每个传感器都是一个独立的信息源，不同类型的传感器所捕获的信息内容及信息格式都是不相同的。传感器按一定的频率周期性地采集信息，不断地更新数据。

（2）物联网是一种建立在互联网基础上又区别于互联网的网络

物联网是一种建立在互联网基础上又区别于互联网的网络，其技术核心和网络基础也是互联网。物联网是通过网络连接技术与互联网进行连接，将传感装置感受到的信息实时实地准确地传递给互联网。由于基于互联网的连接，物联网的信息传输也必须遵守互联网的协议，但是物联网又不是互联网的简单延伸。物联网可以将我们平常所称的互联网向"物"进行延伸，也可以根据实际需求组成局域网，比如，我们想把生活的小区建成一个智能、安全、具有物联网功能的小区，而此时的物联网没有必要连接到互联网，只需要连接到小区组建的局域网即可完成物联网的功能建设。

（3）物联网技术具有智能处理能力

物联网技术不仅包括传感器的连接，其本身也具备对传感装置感受到的信息进行智能处理的能力，并且能够对人、物体等进行实时的智能控制和有效的监管。

物联网是传感技术、信息技术、智能处理的结合。物联网技术根据不同用户的不同需求，通过传感器收集相应的信息，然后利用模式识别、云计算等各种现代化信息技术对收集的海量信息进行分析和处理，将处理结果反馈给用户，从而实现实时的控制和监管。目前，物联网对信息的智能处理功能已应用到社会发展的各个领域。

3.物联网在高校建设中的应用

我国对物联网技术的研究开始较早，研究水平也位居世界前列。目前，物联网在大学校园中已得到广泛应用，射频识别（RFID）技术使用特别广泛，如：借阅证、就餐卡、门禁卡等。

我国高校对物联网的研究和应用已经初见成效，从对物联网开设相关课程、建立物联网实验室，到建设物联网智能图书馆、利用物联网对学生进行有效的管理，到利用物联网技术建设平安校园，物联网技术的应用已经涉及多个领域。

（1）教学领域的应用

目前，高校除了已经成立物联网研究学院、开设相关专业，还通过物联网技术提高教学质量。过去影响教学质量提升的关键因素是教师和学生之间缺乏沟通，教师无法及时掌握学生的学习情况。如今可以通过给学生配置一个带有传感功能的装置，及时地向教师传递学生的学习感受和心理变化，教师再根据接收到的信息及时地调整教学进度，从而加强师生的及时交流和沟通，提高教学质量。

为了让学生更好地掌握物联网知识的理论，提高学生对物联网在相关行业的实际开发和应用能力，部分高校已经开始建立物联网综合仿真实验室。学生通过物联网仿真实验室掌握物联网基础知识和物联网核心技术的应用，通过物联网核心技术开发提出相应的解决方案，通过仿真案例教学的方式进一步掌握物联网的知识和应用能力。激发学生对物联网的兴趣，有利于他们将学习到的理论应用到实践。

（2）建立高校智能图书馆

目前，我国高校对于物联网中的另一个核心技术RFID（射频识别）技术的应用研究已经越来越普及。物联网中物与物之间的信息交换，其实质就是利用RFID技术，通过网络信息传输实现物品的自动识别和信息交换。部分高校已经利用物联网RFID技术建设了高校智能图书馆。

随着高校的发展，高校的规模不断扩大，图书馆的藏书量逐年增加，传统的图书条形码管理方法使得图书的归纳、整理、查找工作相当烦琐，浪费了图书馆工作人员大量的时间。如今部分高校利用物联网技术建设了高校图书馆智能管理系统，通过物联网RFID技术的应用，将图书馆的每一本图书上放置一个RFID标签，图书馆工作人员只须将贴有RFID标签的图书信息录入图书馆智能管理系统，然后在图书背面贴上根据图书类型划分放置的电子标签，就可以轻松地完成图书归纳和以后的整理工作。同样，高校的教职员工、学生可以通过图书馆智能管理系统的检索功能迅速查找图书所放置的位置，然后通过图书馆智能管理系统的自助服务系统完成借阅、归还操作。通过自助服务系统借阅的图书，能顺利地通过图书馆的安全门禁系统，从而完成自助借阅、归还。

高校基于物联网RFID技术建立的图书馆智能管理系统，不仅大大提高了高校图书馆工作人员的效率，简化了教职员工、学生查阅、借还图书的程序，也充分利用了高校图书馆文献资料，为高校提升教育质量提供了良好的信息环境。

（3）物联网在高校管理中的应用

目前，物联网在高校管理中应用最多的是对学生的管理、后勤服务管理、安全管理。

第一，对学生的管理。学生管理是高校管理中最为重要的管理任务，以确保正常的教学秩序。随着物联网传感技术、RFID技术的出现，学生管理将比过去变得更加可靠。学生入校时，高校可以在学生的"一卡通"上添加RFID标签（没有"一卡通"系统的高校可以使用学生证），对学生的位置进行实时监控。当学生进入危险区域时，管理系统会向学生发出警告并及时通知高校的安保部门，减少高校学生发生事故的可能，最大限度地保证学生的生命安全。除对学生进入危险区域进行预警外，高校可以通过对学生的实时位置监控，统计按时上课、晚上回到寝室的学生人数，方便对学生的日常教学管理。

第二，后勤服务管理。利用物联网核心技术对高校后勤服务管理也是物联网技术在高校建设中的重要应用。利用物联网核心技术中的传感技术可以对教室环境进行实时监控。通过在高校的每个教室中放置传感装置，可以实时地对光线、温度等教室环境进行检测，并根据先前设定的参考数值自动调节教室的光线和空调、风扇等设备。同样，高校可以利用物联网的核心技术对高校日常运行设备，比如日光灯、电梯、电脑、水电气设备等进行实时监管，并进行自动控制。当处于无人状态时，自动关闭设备；当需要运行时，自动运行设备。这样不仅可以对设备进行有效、合理的管理，而且可以节约高校的运行经费。

第三，安全管理。如今高校的校园面积越来越大，进出学校的人数越来越多，学生人数逐年增加，高校的安全压力也日益增大。目前，许多高校利用物联网技术建设了平安校园系统。平安校园系统主要由设在校园围墙上的监测装置（如：红外收发器、振动传感器、接近感应线等）、报警器及设在终端控制室的报警控制主机等构成。在布防状态下，一旦有人以非正常的方式、时间、路径企图跨越围墙，即发生警报。利用物联网技术建立的重点区域的门禁系统，也可以保护高校设备、人员的安全。当安全系统监测到危险警告时，可以对人员进行预警或者关闭门禁系统，确保学校的财物、设备不能随意私自被带出校园。

4.物联网在高校信息化建设中的优势

综合物联网在高校信息化建设中的应用，其优势如下：

（1）可以增加师生之间的交流与互动，让教师及时掌握教学进度和难易程度，从而提高高校教学质量。

（2）建立高校智能图书馆，不仅提高了高校服务效率，还丰富了高校图书馆文献资料，为高校提升教育质量提供了良好的学习环境和信息环境。

（3）方便对学生进行日常教学管理，不仅可以对设备进行有效、合理的管理，还节约了高校的运行经费，同时使高校校园变得更加安全。

第二节　信息化管理的内涵

一、信息化管理的概念

一般对信息化管理的概念有两种理解：一种是对管理过程实施信息化，也就是说把信息技术手段和信息资源充分运用到管理的过程之中，以提高管理效率，减少管理层级，促进组织结构扁平化，降低管理成本；另一种理解认为信息化管理是对组织信息化的全过程进行管理。

不管是哪一种理解，到目前为止，关于"信息化管理"还没有一个相对统一的概念描述。但是，我们可以基于第一种理解对这一概念所应包含的内容做以下分析：

第一，信息化管理是一个过程概念。信息化是一个过程概念，而管理同样是一个过程概念，所以是使用一个过程概念（信息化）限定另一个过程概念（管理），是将一个过程（信息化）运用到另一个过程（管理）当中去的过程。

第二，信息化管理工作充分利用信息技术。信息化管理工作是充分利用信息技术广泛、深入地挖掘和应用管理过程中的一切信息资源来提高管理效率的过程，是信息化手段在管理过程中的应用。

第三，信息化管理不是泛化的概念，应该是在一定的组织内部进行的。

第四，信息化管理也应该有一定的组织进行统一协调、规划和组织实施。

根据以上描述，我们认为，所谓信息化管理，就是在组织的统一协调、规划和组织下，在管理过程的各个环节充分利用信息技术，广泛开发信息资源，以提高管理效率，减少管理层级，促进组织结构扁平化，降低管理成本的过程。

需要指出的是，信息化管理并不是简单地用计算机程序代替原有的管理过程，而是要对原来的工作流程进行系统分析，在保证组织目标能够顺利、高效、保质保量完成的情况下，重新进行组织、调整，使整个工作程序更加合理。在重新组织调整的过程中，充分考虑到信息技术和信息资源的便利、高效等因素，把能够用信息技术处理的部分编写成信息系统，把相关的资料等信息数字化。总而言之，信息化管理不是一"化"了之，完全不需要人的参与，全盘否定传统的管理方式、方法，而是作为辅助手段，促进管理朝着更加科学、高效、快捷、便利的方向变革。

信息化管理包括信息化建设管理和信息化应用管理两大领域。

信息化建设管理就是对信息化建设的全过程进行管理，即对是否进行信息化建设、信息化建设达到什么目标、如何高效地进行信息化建设等实施规划、组织、监督和调控。

信息化应用管理包括对信息化应用过程的管理和应用信息化建设成果进行管理。即在信息化项目开展过程中或信息化项目建设完成投入使用后，对信息化项目或系统应用全过程进行管理，以保证信息化建设成果得到广泛、有效和安全地应用。

信息化建设管理与信息化应用管理相辅相成，缺一不可。信息化建设管理是信息化应用管理的基础和前提，信息化应用管理是信息化建设管理的延续和深化。

二、信息化管理的内容

信息化管理内容广泛。从信息化管理的对象来看，有信息基础设施建设与应用管理、信息系统建设与应用管理、信息资源建设与应用管理、信息化保障体系建设与运行管理；从信息化管理的范围来看，有国家信息化管理、地区信息化管理、行业信息化管理、社会组织信息化管理；从信息化管理的职能来看，有信息化战略规划、信息化组织实施、信息化工程监理、信息化应用调控、信息化管理创新、信息化绩效评价等；从信息化管理的手段来看，有行政手段（如：信息化管理体制、信息化政策与制度）、法律手段（如：信息化法规、标准）、经济手段（如：信息化建设财政拨款、资金融通、税收调节）、技术手段（如：信息系统开发与应用）。下面从信息化管理的职能角度阐述信息化管理的内容体系。

（一）信息化战略规划

信息化战略规划是在分析一定范围内的发展战略或一个组织经营管理战略的基础上，采用科学的信息化战略规划方法，对区域信息化、行业信息化或组织信息化建设与应用的愿景、使命、目标、战略、原则、架构和进程等进行的筹划与设计。信息化战略规划方案是信息化建设的基本纲领和总体指向，是信息系统设计和实施的前提与依据。信息化建设与应用是一项相当艰巨复杂的系统工程，能否制订科学、合理的信息化战略规划方案，往往决定着信息化的成败。信息化战略规划是信息化管理的首要环节。而制订科学、合理的信息化战略规划方案，既需要有懂信息技术又熟悉业务的复合型信息化管理人才，也需要有科学的规划方法，更需要组织决策层的领导和支持。

（二）信息化组织实施

信息化组织实施是组织信息化项目或信息系统的实施。具体地说，信息化组织实施就是在信息化战略规划的指导下，组织人力、物力和财力，对信息化项目过程的启动、实施、收尾等各个环节进行指导和监控，具体完成各类信息化建设任务。信息化组织实施不是从技术角度进行信息系统的设计和实现，而是从管理角度对信息系统的设计和实现进行管理。其具体内容包括信息化项目的需求分析、可行性分析及立项管理，选择信息系统开发方式并实施信息系统开发外包管理，选择合适的信息系统开发方法并对信息系统设计进行管理，对信息技术设备采购、招标和验收进行管理，对信息系统进行测试、评价和验收。信息化组织实施涉及面广，时间跨度较大，是信息化管理的中心环节。

三、信息化管理的作用

（一）是管理系统各要素和各层次之间联系的纽带

管理活动是在与他人的联系和沟通中生存和发展的，人们的联系和沟通就是通过信息的桥梁来进行的。从整体上看，行政组织职能的实现与信息管理的联系并不明显，但是稍做分析就会发现，信息具有凝聚、协调、序化的作用，只有依靠信息在组织内的传播，才能把组织的各个部分联系和协调起来，使组织的活动从无序到有序，且富有成效，成为实现组织目标的统一行为。

（二）是保证科学计划和科学决策的首要前提

计划和决策都是管理的基本职能，科学的计划和决策必须以全面了解情况和掌握信息为依据。这是对决策者和计划人员的基本要求，是计划切实可行的必要保证，也是做出正确决策和判断的基本前提。如果不对管理活动的信息进行全面收集和整理，就会导致决策和计划的主观性和盲目性。没有足够的信息，就没有科学的预测，也就没有科学的决策和计划。信息处理上的偏差，将直接导致预测的偏差，进而造成决策和计划的失误。

（三）是管理系统控制的主要依据

控制是管理的一个重要职能。任何有效的系统控制都必须先掌握管理的任务和目标，随后依靠决策和计划的要求，确定系统运行的正确轨迹，使其始终指向所确定的目标。如果没有管理任务和目标的信息，没有决策、计划的信息，任何管理活动都将无法控制。在实际管理过程中，正是根据反复不断的信息输入、输出和反馈，才使得活动得到及时调整，始终按照预定的轨道顺利发展。

（四）是管理系统监督的必要条件

行政监督的种类很多，有一般监督、立法监督、司法监督、政党监督、社团监督、公民监督、舆论监督等。不论是哪一种监督，都有一个调查程序，都要在立案之后实施调查、收集证据，并进行分析审理，判断是否违反行政纪律。这实际上就是信息采集、信息加工的过程。

四、信息化管理的发展趋势

（一）进一步优化结构，减少投资浪费

加强信息化管理，通过合理的信息化战略规划、科学的信息化组织实施和有力的信息化工程监理，可以在提高人们对信息化认识的基础上，根据国家、区域、行业或社会组织的信息化需求，合理安排信息化投资，正确使用信息化建设资金，减少信息化建设与应用过程中的资金浪费，保证信息化建设与应用的经济性。

（二）促进流程重组，推动管理创新

信息化建设和发展不仅是信息和网络技术的应用问题，更重要的是管理理念的转变、管理方式的创新和业务流程的重组问题。传统的管理理念、组织结构和业务流程难以充分发挥信息化的作用和效果。

信息化应用与管理创新相辅相成，要真正发挥信息化的作用，必须把信息系统和信息技术作为改进管理方式方法的前提和基础。加强信息化管理，可引发和促进信息资源理念、开放共享理念等现代管理理念的形成，真正实现业务流程和管理流程的重组。

（三）加强协调共享，消除"信息孤岛"

有的部门之间的信息系统设计、实施缺少总体规划，一些行业缺乏统一的信息化技术标准和服务规范，形成了区域之间、行业之间的宏观"信息孤岛"，数据难以统一协调，地区之间、行业之间难以实现信息资源共享。一些社会组织的信息系统是在现有的管理模式上建立起来的，是一些分散的业务处理系统，这些系统面向具体部门和业务，数据库根据人工报表建立，数据流程模仿手工业务流程，信息编码也没有按照统一标准，形成了内部的"信息孤岛"，无法实现信息资源共享。

加强信息化管理，建立和健全信息化管理体制，制订和执行宏观、中观和微观各个层次协调的信息化战略规划，拟定和执行统一的信息建设标准和政策法规，可以减少甚至避免或消除信息化建设过程中的"信息孤岛"，实现社会组织内部各部门之间、地区之间、行业之间的信息资源共享。

第三节　教育信息化的内涵

一、教育信息化内涵释义

（一）教育信息化的概念

随着信息科技的飞速发展，信息化浪潮席卷全球，以互联网技术为核心的信息技术正迅速将世界从工业化形态带向信息化形态，推动了社会各个方面的现代化。教育信息化是教育现代化的核心内涵和基本特征，是推动教育现代化的重要力量，是信息时代教育改革与发展的必由之路。

教育信息化通俗来说就是一个过程，与"教育现代化"类似，都是教育发展的一个阶段。它又是一项工作，大部分是建设项目，例如，农远工程、校校通、三通两平台等。教育信息化行业已经走过前期地基构建和市场培育阶段，正逐步迎来蓬勃发展期。无论是早教、中学、高等教育还是成人教育，我们每个人都在接受和适应这样一种教育形式的转变。与此同时，教育理念和教学形式正在发生较大改变，教育质量有了显著提高。

目前，教育信息化行业人才缺口大，准入门槛并不高，已形成完善的教育培训体系。教育信息化是一个比较大的概念，其核心是怎样通过数字化的形式帮助教师提高教学水平，这就要求教师不断地去改变教学思路，多使用信息化产品工具，学会利用优质教学资源参与教研活动，如基于课题研究的翻转课堂等。

（二）教育信息化的目的

使用信息网络特别是信息化手段来改善教育，是教育面临的共同挑战。从国家的教育信息化进程来看，教育信息化的目的一般可以总结为四个方面：

1.教育信息化的功利目的

教育信息化能够评估技术能力以及与技术使用相关的社会、政治、道德、组织和经济原则等，为明天的社会做好准备，让学习者灵活地使用信息与通信技术，以适应未来的技术变革。

2.教育信息化的社会目的

鼓励学习者获得适当的社交技能，这对于在基于信息化的环境中进行协作教学和协作学习至关重要。一方面能够确保没有丰富信息技术的学习者具有信息素养，促进学习者之间更好地进行沟通，从而促进更广泛的社会理解与和谐；另一方面能够确保所有学习者参

与学习的公平性，并为所有学习者提供足够的机会来克服学习和工作上遇到的问题，从而提高质量和效率。

3.教育信息化的文化目的

帮助学习者了解丰富的文化遗产，鼓励学习者了解文化的各个方面，提高他们的信息文化素养，帮助其成为现代世界有文化的公民。

4.教育信息化的个人目的

鼓励学习者培养在信息环境中独立学习和其他至关重要的个人技能。最大限度地提高学习者的能力，促进其对知识的获取，并帮助学习者专注于更高级的认知任务。帮助有特殊需求的学习者融入学校和社会，增强独立性，培养技能和兴趣。

（三）教育信息化的内容

教育信息化是信息技术在教育教学中的广泛应用，主要包括：

1.维护教育信息环境

好的环境对于教育来说有着至关重要的作用，其标准含义为影响受教育者行为的氛围条件，以及用于储存、运行、共享信息的环境。为提高教育信息化发展质量，需要科研人员对各种教育和学习支持系统及教育设施进行管理。

2.搭建资源管理平台

资源能否得到高效筛选与分类很大程度上取决于资源管理平台的能力。与教育相关的资源应以信息化为基础。相较于环境的建设，资源在教育中的应用有着更大的效果，资源开发与管理方面的不断延伸要始终贯穿于整个教育过程中。

3.人才培养

教育信息化技术的发展方向是促进高质量教育和培养创新型人力资源。21世纪以来，人力资源应该具备的基本素质之一就是信息技术技能。教育信息化应该使所有受教育者掌握一定的信息能力，从而促进整个国家的信息能力的提升，这是实现国家信息化的重要基础和保障。教育和信息技术必须培养大量的信息技术人才，为社会生活的各个方面提供信息化服务，它是教育信息的重要组成部分。

（四）教育信息化的意义

教育信息化对教育和教育的发展至关重要，包括以下五个方面：

1.教育现代化的基础

信息化发展是现代教育的重要组成部分，是教育步入现代化的关键步骤。若不重视其发展，实现教育现代化的步伐就会减慢甚至停滞不前，所以，其对教育事业的发展至关重要。

2.有利于提高国民素质

教育信息化在一定程度上打破了受教育者的时间和空间限制，消除了接受教育的时间和地点的限制条件。这样的发展过程，带来了很多好处。由于限制被消除，国民可以随时随地接受知识的熏陶，"活到老，学到老"的思想在教育信息化发展过程中得到体现。同时，这也促进了教育服务平等化的发展和各地区优质资源整合，每个地区的人都能接受到同等的教育水平。因此，信息化对提高国民素质至关重要。

3.创新型人才的摇篮

教育信息化打开了教育与科技相结合的大门，将科技创新大量运用于现代教育之中。随着科技的进步，教育也会得到快速发展，为创新型人才提供了受教育的环境，减少他们整合资源的时间，使其工作效率及解决问题的效率得到提高，这对培养创新型人才也是相当重要的。

4.实现教育理论创新

教育信息化是教育的一个重要变化。在这个过程中有许多问题，解决这些问题将有效促进教育理论的发展。教育信息化过程是信息技术在教育中不断应用的过程，这一过程中的许多问题和现象往往需要用信息论和方法论来解决，以便获得更深的理解。在这个阶段，一个新的教育信息发展领域诞生了。科学数据研究是一种利用数据科学理论研究广泛学习过程的方法，是一种教研理论的创新。

5.提高教育信息化产业发展水平

信息技术的教学过程在教育方面应用广泛。在这个过程中，它将极大地促进教育和信息产业的发展。在全国数万所学校里，教育信息得到了充分的应用，给我国信息产业和经济发展创造了有利条件，也带来了巨大的发展机遇。

二、教育信息化对高校管理的作用

我国传统的高校教学管理已经不能满足高校发展的需要，这就使得教育信息化管理日渐兴起。而作为高校教育的重要一环，高校的教学管理必须受到重视，在这种背景下，对教育信息化在高校管理中的作用进行研究，就有着重要的现实意义。

（一）提升高校管理效率

我国高校的传统管理模式是相对封闭的行政手段与单纯人工干预的方式，但随着经济与社会的快速发展，科学技术得到了长足进步，这种进步使得高校开始了教育信息化的管理变革。传统的高校管理存在信息反馈慢、出错率高、信息偏差率大的问题，高校教育信息化管理凭借先进的信息化手段，大大提高了高校的管理效率，对于以往传统高校管理中所无法处理的繁杂信息，能够通过信息化手段轻松解决，这种管理手段对于高校发展有着强力的推动作用。高校教育信息化管理凭借创建的管理系统，能够很好地进行各方面的相关管理，例如，在高校图书馆的管理中，通过这一系统就能够轻松实现图书的高效查询与借阅。这一管理系统还能够通过互联网进行高校内部各部门之间的即时沟通，这种即时沟通将进一步提高高校管理效率。

（二）提升教学应变能力

高校教育信息化管理还能够起到提升高校教学应变能力的作用。在我国当下的高校教学中，面对社会就业竞争的不断加剧，高校都希望能够通过自身的教学，提高学生的综合素质，以保证学生能够在竞争激烈的社会中谋求发展之道。为此，高校往往会对自身的教学管理的组织结构进行调整，以便培养出更符合社会需求的人才。此外，高校的管理人员还会通过对社会发展的预测，结合教育信息化进行自身教学组织形式的快速调整。这种调整由于利用了信息化技术，使得高校能够在众多数据的辅助下，较好地进行社会发展的相关预测，非常有利于高校的发展。在我国当下的高校中，学分制已经成为主流的教学管理模式，而这一模式能够通过信息化的教学管理系统大大提高管理质量和效率。

综上所述，高校教育信息化管理在极大程度上促进了高校管理的发展，有效提升了高校的教学质量。在这种情况下，高校必须通过教育信息化管理，对自身的教学管理工作进行革新，以培养社会发展需要的有用人才。

第二章 信息化教育管理

信息化教育的出现和发展，给学校的教学、科研带来了生机和活力，给现代社会文明的发展提供了先进的手段和有效途径。多年来，学校的信息化教育机构逐步完善，器材和设备、信息化教育教材日益增加，现代教育在深入实践中快速发展。这种空前的发展规模和速度，给信息化教育管理者的工作带来了许多新课题。广泛开展信息化教育管理的研究，取得成功并推广使用，这是推动信息化教育深入发展的重要一环，有助于提供信息化教育管理人员的业务素质和管理水平。

第一节 数字化教学中的管理与评价

信息化教育的出现和发展，给学校的教学、科研带来了生机和活力，给现代社会文明的发展提供了先进的手段和有效途径。近几十年来，学校的信息化教育机构逐步完善，器材和设备、信息化教育教材日益增加，现代教育在深入实践中快速发展。这种空前的发展规模和速度，给信息化教育管理者的工作带来了许多新课题。广泛开展信息化教育管理的研究，取得成功并推广使用，这是推动信息化教育深入发展的重要一环，有助于提供信息化教育管理人员的业务素质和管理水平。

数字化教学中的管理，是管理在教育人、培养人这一领域中具体的、特定的应用，是建立在一般教育管理实践之上的为实现、适应乃至优化信息时代教育管理的实践活动，是为了优化信息化教育系统、提高系统整体功效所进行的各种协调活动的过程。评价能力是学习能力的重要组成部分，学习过程和学习资源是信息化教学的重要组成部分，也是信息化教学评价的主要评价对象。以下就数字化教学中的管理与评价进行探讨。

一、学习过程的管理

信息化教学中涉及的要素有很多，而学习资源与学习过程是最基本、最重要的组成部分。下面主要探讨的是学习过程的管理。

随着网络技术的发展及其在教育中的广泛应用，学生的学习方式也发生了很大的变化。通过各种学习媒体，人们可以进行自主学习或协作学习，学习不再受时空和地域的限制，终身学习和全民学习正逐渐成为现实，与此相对应，学习过程的管理也发生了较大的变化。学习过程的涉及面很广，但是从信息化教学的管理角度来说，主要涉及三个方面：学习过程的信息化管理、学校综合信息管理和远程教学过程管理及系统管理。

（一）学习过程的信息化管理

学习过程的信息化管理就是利用计算机的数据统计分析和信息处理能力来支持教师的教学管理职能，帮助他们监测、调控、评价和指导学生的学习过程，并且为他们提供有助于进行有效教学决策的重要信息，以便提高教学活动的效率。一般将教学的信息化管理称为CMI（Computer Managed Instruction，计算机管理教学）。如果我们把教学过程看作一个由教师（或计算机）和学生组成的信息传递系统，想要考查系统中学生的行为表现，从中获得关于学生学习情况的信息，进而根据情况及时调整教学策略，那么，我们就需要用到CMI系统。

CMI系统是一种比较复杂的信息管理系统，不同的CMI系统在结构与功能方面均不尽相同。概括来讲，一个CMI系统主要实现以下一些功能：

1.目标管理

允许教师描述教学目标。目标大小因系统管理水平高低而异，大到培养方案，小到教学单元都可以。

2.资源管理

以保证最有效地利用时间、空间和教学媒体为目的。通常是根据系统提供的处方为学生分配资源，以保证教学的需要，是一种动态的、经常进行的资源分配。

3.教材管理

帮助教师收集、编制与管理各种学习材料，可以是计算机内存储的课件，也可以是关于其他媒体教材的索引。

4.习题生成

利用一定格式的习题模板来自动生成问题。

5.题库管理

允许定义试题的格式与属性，提供试题存入、检索、修改与删除等功能。

6.测验生成

允许教师描述测试的目标、覆盖范围、难度等属性，根据要求自动从题库中抽取题目组成试卷，印出书面试卷供脱机测试，或保存为电子试卷供联机测试。

7.测试评分

对测验进行评分。现在有些智能化的测试系统能够进行适应性测试，即可根据被试者的表现即时调整试题难度与测试时间长短，尽量用最小的试题量测出被试者的真实水平。

8.学习诊断

目的是确定学生的学习进程是否朝着预定的目标前进。就目前的多数系统来讲，一般只能做到表征性诊断，即根据学生在单元测试中的结果，判定他在当前单元的学习中是否达到"掌握"程度。

9.学习处方

根据学习诊断的结果为学生分派适当的学习任务，按其性质可分为前进处方与补救处方。

10.学习记录

CMI 系统的运行需要依赖大量的数据，包括静态数据与动态数据。静态数据诸如课程文件、学生名册、教学资源等，大多是在系统建立时装入的。系统的学习记录则负责动态数据的采集，如：测试数据、学习跟踪数据等。

（二）学校综合信息管理

学校综合信息管理一般由教职工信息管理、教务管理、学籍管理、图书管理、总务管理等功能模块组成。

1.教职工信息管理

包括教职工人事档案、业务档案和继续教育情况等数据的录入、修改、查询、统计分析、上报、发布。信息输入方式可采用代码方式或键盘方式，可按人逐个录入或按项目成批录入。管理者可通过系统快速、准确地进行查阅、统计、分析、汇总、上报、发布信息。系统本身提供开放式的功能，用户可根据学校的实际情况方便地修改库内容，建立自己所需要的档案库。

2.教务管理

包括教学计划管理、自动排课表管理和题库管理等。教学计划管理主要反映了各年级、各系和各学校教学计划的制订和执行情况。自动排课表是由计算机根据教学规律、课程特点和教师、学生的特殊要求及课程安排、班级和教师条件等各种限制因素，自动排出能满足上述多方面要求和限制的课表。题库管理系统包括题库系统、试卷管理、考试系统和系统维护四部分。题库设置的作用是满足各学科、各年级教学的平时练习、测试、水平考试与选拔考试的需要。智能化的题库管理系统还可以根据各种测试目的和要求，由系统方法配合人工辅助产生各种水平的试卷，同时，能由测试结果对试卷进行标准化分析。

3.学籍管理

学籍管理包括在校学生和毕业生档案管理和学生成绩管理。

4.图书管理

图书管理包括图书采购、编目、检索、借阅、催还、报损和报刊管理等功能，可以满足一般学校图书馆、资料室的需要。学校可采用条码识别器、IC卡来提高流通速度。使用系统提供的检索程序可方便学生检索书目。

5.总务管理

总务管理包括资金管理、校产管理、教职工住宿管理、设备管理、程控电话管理、校办食堂管理、校办产业管理、修缮及维护管理等内容。

（三）远程教学的过程管理与系统管理

网络通信技术在教学中的应用使得网络教学逐渐成为远程教学的主导形式，探索基于网络的教学系统管理模式是信息化教学管理的重要课题。

1.远程教学的过程管理

远程教学过程管理主要涉及学生管理、教师管理和专业及课程管理三个方面。

学生管理包括学生入学管理和学生学籍管理。其中，学生学籍管理提供学生注册、学习、成绩、毕业、学位等环节的管理。

教师管理包括教师远程教学档案管理、教师任职资格审查、教师任课及授课管理和教师考核及评价管理。

专业及课程管理包括专业设置和专业教学计划管理，课程设置和课程计划管理及相应的教学计划、课程大纲及课程内容的发布等功能。

2.远程教学的系统管理

远程教学的系统管理主要涉及用户管理和网络系统教学管理。用户管理包括用户组别管理、基于分组的用户管理、用户注册和用户账号管理、用户授予和认证管理、审计管理。网络系统教学管理包括网络故障管理、网络配置管理、网络性能管理、网络计费管理、网络安全管理。

二、面向学习过程的评价

面向学习过程的评价是指在描述测量学习过程和学习结果的基础上，根据教学目标对学习者进行价值判断。面向学习过程的评价是基于学习者在学习过程中的表现，关注的重点不仅是学到了什么知识，更注重学习者在学习过程中掌握了什么技能，以及在其中渗透出的情感、态度和价值观。

学习过程设计包含许多不同的教学形式与方法，不同的教学形式与方法也应该采取不同的评价方法，运用适当的评价工具。在面向学习过程的评价中有多种评价方法，如：测验、调查、观察、学习契约、量规、文件夹评价等。下面重点探讨文件夹评价和学习契约这两种评价方法。

（一）文件夹评价

学习文件夹用于存放学生学习过程中产生的"学习成果"，如：文章、美术作品、文学作品、返回来的试卷、调查记录、报纸剪接、照片、会议记录等，把这些学习记录按照一定的顺序形成文档，用于对学习的回顾、自我评价以及包括课程在内的外部评价。因此，学习文件夹既是物品，又是一种思想方法，还是一种做法。一般在文件夹的制作过程中，学生是选择文件夹内容的决策者与作品质量的仲裁者。

制作与使用文件夹，需要考虑三个指导因素：目的、评价标准及证物。

1.目的

文件夹的目的在很大程度上决定了文件夹的形式及内容。如果文件夹的目的在于评价，那么文件夹收集的内容就要结构化或半结构化。文件夹评价内容及标准比较固定，学生只是依据对评价标准的理解，围绕主题充分发挥，努力进取，尽可能地展现自己的学习成果与进步历程。老师需要花费很多的时间与精力指导学生。若文件夹主要用来辅助教学，那么文件夹的生成建构可采用半结构型或非结构型，给学生充分的自由发挥空间。

2.评价标准

很多人都强调文件夹中应该有一个非常明确的评价标准、参量或行为指南来指导学生的行为，规定他们应该做什么及如何评分。在制定评价标准时，也要体现学生的参与和他们对标准的理解。

3.证物

证物包括以下几种：课堂作品；课外学习活动的再现资料；别人对学习者学习活动的陈述及观察；文件夹的特有文件，如学习者的个人反思。在文件夹中采用这些证物，是因为它们都与要达到的既定目标密切相关，每一项证物都为文件夹增加了新的信息。

当然，文件夹评价的形式并没有一个固定的模式，教师在实际运用中完全可以根据实际需要创造出符合学生实际的其他模式。

（二）学习契约

学习契约是一种由学生与指导教师共同设计的书面协议，它用来确定学生学习的目标、达到目标的方法、学习活动进行的时间、完成活动的证据及确认这些证据的标准等。信息化教学的基本原则包括以"学"为主，以"任务驱动"和"问题解决"作为学习和研究活动的主线。为了能够让学生在完成任务和解决问题时有一个具体的目标或依据，也为了客观、合理地评价，学习契约这种评价方式是应该得到足够重视的。

学习契约可以说是学习者与教学者双方持续不断、一再商讨的协议过程，特别强调教学双方在教学决策中的相互关系及学习者对学习结果的自我评定。

设计学习契约要经过以下八个步骤：

（1）诊断学习需要。

（2）界定学习目标。

（3）确定学习资源及策略。

（4）确定完成学习目标的证据。

（5）选定评价证据的工具及标准。

（6）教学双方共同商讨学习契约。

（7）履行学习契约。

（8）评价学习活动。

制定学习契约的目的是培养学习者规划学习的能力和加强学习者自我学习的责任心。

学习契约的实施要求：第一，先向学习者说明拟定学习契约的目的；第二，给学习者提供学习契约的范例，并说明要点；第三，要求学习者根据学习目标、学习方法、学习时间、学习成果等项目，列出切实可行的个人学习契约；第四，单独与学习者沟通，修正并确认契约内容；第五，按照契约进行学习，教学双方共同对学习过程及学习效果进行检查。

第二节　数字资源与教学过程管理

一、数字资源的管理

数字资源属于教学资源，随着科学教育技术在教学中的不断应用，各级各类学校都逐步积累了大量的教学资源，其中包括大量的数字资源，它们与传统资源一样应该得到科学合理的管理，这样才能在教学中发挥它们的作用。按照表现形态，可以将数字资源分为硬件资源和软件资源，下面主要采用硬件资源和软件资源这种分类方式来对学习资源的管理进行分析。

（一）硬件资源的管理

硬件资源是指在教学过程中可利用的实实在在的、有形的、看得见的资源，如：设备、设施、场所等。随着科学技术和教育事业的发展，硬件资源的种类和数量日益增多，对硬件资源进行科学化管理，能够有效保障教育技术的充分应用。硬件资源的管理工作主要包括以下五点：计划与购置，验收和记账立卡，保管与使用、维护与修理、制定管理规章制度等。

1.计划与购置

计划是决策的具体化，是实施各项管理活动的前提，也是检查管理效果的依据。相应的管理工作包括设备器材购置计划的编制、执行、检查和总结等基本环节。

在制订购置计划时，应对相关的因素进行综合考虑，包括本单位的近期工作目标、长远工作目标，经费预算，以及现用设备的使用状况。计划要力求客观、实际，注意"需要"和"可能"的统一。

2.验收和记账立卡

做好设备验收工作，能够使仪器设备顺利投入使用，获取最大的经济效益。一切设备、材料采购到货后，要将发货票、说明书、附件等一并交给器材库管理人员详细查询、验收。

设备验收合格后，要建账、立卡，这是掌握设备器材数量、质量、资产和分布状况的基本手段。

3.保管与使用

一切设备、仪器、工具、材料等都是国家财产，一定要好好保管，避免造成积压、损坏、发霉、变质、过期等浪费现象。保管时各种设备、仪器等器材要井井有条地存放，需要时能方便快捷地找到，并且做到心中有数，知道各种设备的质量状况及哪些设备需要更新等。

设备器材的主要作用是为教学提供物质条件，保证教学需要，因此，使用是关键环节。一切设备与器材的保管都要以方便教学使用为目的。

4.维护与修理

设备器材的维护、修理工作主要包括为设备器材放置提供合适的环境条件，做好日常维护工作，定期进行技术保养等。

5.制定管理规章制度

要搞好设备管理，必须建立必要的规章制度，做到有章可循，有规可依。

（二）软件资源的管理

1.软件资源的含义

软件资源是指各种媒体化的教学材料和支持教学活动的工具性软件，是教学资源的重要组成部分之一。软件资源的不断丰富及有效的管理和应用，对于扩大教学规模、提高教学质量和教学效率、培养现代化建设人才起着十分重要的作用。下面我们只讨论网络软件资源的管理。

网络软件资源类型包括五个大的类别：教育教学资源库、资源产品展示库、电子图书库、工具软件库、影片库。其中，教育教学资源库划分为多媒体素材库、题库、案例库、课件与网络课件库、网络课程库、文献资料库六类，内容包含多媒体素材、试题、案例、课件、网络课程、文献资料这六种与教育密切相关的教育教学资源。资源产品展示库是结合电子商务将与资源相关的产品进行展示，提供在线预览、订购，采用B2B和B2C相结合的方式提供给下级教育行政部门或学校，同时也可通过直接面向用户（采用会员制）等多种方式实现资源的有偿使用。电子图书库是采用电子类图书的在线浏览或下载浏览的方式将各类书籍在网上提供给用户，以避免重复购书及携带书籍的烦琐。工具软件库提供常用的共享软件及各类硬件的驱动程序，方便用户使用。影片库是将各类影片根据不同播放格式、不同类型分类存放，用户可选择在线播放或下载。

2.软件资源内容的管理

软件资源内容的管理包括以下六个方面的内容：

（1）媒体素材库内容的管理要求

保证内容的安全性和可靠性；媒体素材内容的建立要基于面向教育的元数据模型；提供高效搜索各类媒体素材的功能；提供由相关的各类媒体素材构建成不同教学内容的构建模型和有效设计方法；对构建好的素材内容提供下载或压缩下载功能；支持最大并发访问能力；保证系统的可扩展性。

（2）网络题库内容的管理要求

保证内容的安全性、保密性和可靠性；支持最大并发访问能力；保证系统的可扩展性。

（3）课件库、网络课程库内容的管理要求

保证内容的安全性和可靠性；提供对内容的多种检索和在线运行等功能；提供对内容的直接提取使用功能；支持最大并发访问能力；保证系统的可扩展性。

（4）软件资源内容管理应具备的基本功能

可不断增加和更新教学资源；满足各学科的课堂点播教学；满足学生个别化学习；支持网上协作学习；支持远程教学。

（5）软件资源的编目与保管

软件资源的编目与保管是软件资源内容管理的基础性工作。从不同渠道搜集的软件资源要按一定的规则加以有序的编目和妥善的保管，以便大家共享和使用。

（6）软件内容传输管理要求

支持多媒体上传和下载功能；保证多媒体传输的安全性、稳定性和保密性；集成现有各种成熟技术和产品，保证传输的及时性和可靠性。

3.软件资源库的管理

软件资源库系统应具备下列管理功能：

①要保证用文字、图像、动画、音频、视频等多种媒体表达的典型案例或教学素材能方便、完整、规范地储存，并提供快速、准确、灵活的查询、检索和下载方式。

②要提供一个开放性的环境，以便能随着教学改革和学科建设的需要不断充实、完善。

③要提供一个高效的网上素材查询、检索和传输、下载的管理环境。

④要有较强的用户管理、权限管理、计费管理等系统管理功能。

⑤可以实现信息的全文检索和分类检索。

4.软件资源的质量管理

软件资源的质量，直接关系到教学的质量和效率。质量管理是教育技术管理的核心。因此，必须抓好软件资源质量管理工作。

（1）软件资源的质量要求

对软件资源，要从其思想性、科学性、教育性、艺术性和技术性五个方面来要求。其中软件资源的思想性、科学性、教育性是主要的，技术性和艺术性应该服从于前三个方面的要求。

（2）软件资源的审定

对于在课堂教学中使用的软件资源，特别是在中小学课堂使用的软件资源，必须经过有关机构审定后才能出版发行和投入使用。具体审定方法要参照国家教育部的有关规定。

（3）软件资源的出版发行和用户评价

对于软件资源，要做好出版发行的管理和用户评价等工作。它是促进软件资源建设、提高软件资源质量的重要措施。

二、教学过程的管理

教学过程的涉及面很广，但是从信息化教学的管理角度来说，主要有两个方面：教学过程的信息化管理、远程教育中的教学过程管理。

（一）教学过程的信息化管理

在教学过程中引入信息化管理具有十分重要的意义，具体表现在以下两点：第一，通过计算机的数据统计分析和信息处理，能够帮助教师对学生的学习过程进行有效监督与指导；第二，能够为教师教学决策的制定提供重要的信息，进而促进教学活动效果与效率的提升。教学的信息化管理即CMI。

由于现代管理科学的思想与计算机技术相结合，使CMI的实现成为可能。采用"行为目标"的概念后，如果从管理科学的观点来看待教学过程，这样的过程就变得工艺化了，学生好比是生产线上的机器，吸收学习材料，产生行为目标；教师好比是生产线上的工人，其任务是投放原料（讲授）、监测机器（布置习题和批改作业）和检测产品（考评）。就像用计算机管理生产线一样，教学过程中的许多管理任务也可由计算机来完成。

（二）远程教育中的教学过程管理

远程教育中的教学过程管理主要涉及学生管理、教师管理及专业和课程管理三个方面。

1.学生管理

学生管理包括学生入学管理和学生学籍管理。学生学籍管理提供学生注册、上课、考试、成绩、毕业、学位等环节的管理。

2.教师管理

教师管理包括教师远程教学档案管理、教师任职资格审查、教师任课及授课管理和教师考核及评价管理。

3.专业及课程管理

专业及课程管理包括专业设置和专业教学计划管理、课程设置和课程计划管理及相应的教学计划、课程大纲和课程内容的发布功能。

第三节　教育信息化的领导与督导

一、教育信息化的领导

教育信息化领导，就是教育信息化建设的领导者充分行使自己的权力和承担自己应负的责任，并为下属机关和学校的教育信息化建设与发展提供优质服务，从而促使下属组织和成员实现教育信息化建设目标并实施以教育信息化推动教育现代化发展战略的过程。教育信息化领导是现代信息技术和教育发展到一定阶段的必然结果，是教育信息化背景下教育行政领导的主要表现形式之一。作为教育行政领导的核心内容和重要组成部分之一，教育信息化领导是把一般行政领导行为运用到教育信息化组织行为过程中。

（一）教育信息化领导者的素质和群体结构

1.教育信息化领导者的素质

教育信息化领导者的素质，包括自然素质和社会修养两个方面的内容。前者主要指教育信息化领导者先天的生理和心理方面的身体特征，后者则指其后天所受的教育和实际锻炼。教育信息化领导者的素质除了先天的自然素质之外，主要是由其所担任的教育信息化领导工作的性质和职能所决定的。因此，不同层次的教育信息化领导者，其素质要求是不同的。从严格意义上来讲，教育信息化领导者的素质应当按领导者的层次及类别分别论述，为避免文字叙述过于琐细，以下所阐述的是教育信息化领导者所应具备的一般的、共性的素质。

（1）政治思想品德素质

教育信息化领导者必须具备良好的政治素质和高尚的思想品德修养，主要表现在以下三个方面：第一，具有正确的政治观点和远大的理想。教育信息化领导者要在思想上、政治上与党和国家的基本路线、方针、政策保持一致，能用马克思主义的观点和方法去分析、处理教育信息化建设过程中的一切问题，运用党和国家的相关教育政策、法规带领和引导广大教育工作者为实现教育信息化建设目标而积极奋斗。第二，具有以人为本的教育观和协调、可持续的发展观。教育信息化领导者要充分尊重和肯定人在教育中的地位和作用，注重人的主体性的发挥，要树立以人为本的教师观、学生观，为教育信息化发展营造良好的观念氛围。教育信息化领导者要认真学习并在教育领域中积极落实科学发展观，要充分认识到教育发展对经济社会发展的意义及教育信息化建设对教育发展的重大意义，要注意促进教育信息化建设区域间以及自身内部诸要素的均衡、协调发展。第三，具有优良的领导作风和高尚的道德情操。在教育信息化背景下，领导者开拓进取的精神和踏实苦干的工作作风无疑是至关重要的。教育信息化建设的成效在于创新，创新就必须敢于开拓；而踏实苦干则可将改革精神转化为开创新局面的实际步骤，使教育信息化建设工作有所建树。此外，教育信息化领导者还必须具备实事求是的思想路线、公正廉洁的政治品质、强烈的责任感和事业心、以身作则宽容大度的个人修养等一般领导者应当具备的基本思想道德素质。

（2）科学知识素质

教育信息化领导者应形成以党和国家关于教育及教育信息化发展的方针、政策、法规为主导，以教育科学、管理科学和现代信息技术理论为核心的独特知识结构，还要具备广博的科学文化基础知识。

第一，具有系统、全面的教育科学知识和管理科学知识。教育信息化领导者需掌握教育学、心理学、教育史、教育哲学、教学论、课程论等教育科学知识，以及包括教育行政学、学校管理学、政治学、法学、决策理论、现代领导学、预测规划理论与技术等在内的管理科学知识。此外，教育信息化领导者还须广泛关注教育科学和管理科学的最新发展成果。

第二，具有扎实的计算机多媒体技术和网络信息技术的专业理论知识。在教育信息化建设与发展过程中，领导者必须掌握现代信息技术的基础理论知识，了解计算机多媒体技术和网络信息技术从研发到应用的整个运作过程，对现代信息技术与教育诸要素相整合的理论和实践构想有一定的研究。

第三，具有广博的科学文化基础知识。教育信息化领导者要做到博学多识，这样才能举一反三，触类旁通，将教育信息化建设与教育科学、管理科学的一般原理相结合，实现教育信息化建设理论与实践上的创新。

（3）组织能力素质

组织能力是领导者个体运用政治、道德、知识、技能、经验在解决实际问题时所表现出来的个性品质特征。教育信息化领导者应具备的组织能力素质主要包括以下三个方面：

第一，具有远见卓识。这是衡量教育信息化领导者是否成熟及领导水平高低的一个重要标准。从个人来说，远见卓识一般包括两个方面：一是政治见识；二是业务见识。

第二，具有组织协调、统率全局的能力。教育信息化建设是一项异常复杂、极具挑战性的工作，这就要求教育信息化领导者要善于掌握和运用全局性的指导规律，从教育信息化建设与发展的全局出发来考虑问题，要能够有效利用各部门的人力、物力和财力，使各部门相互配合、协调运转，充分发挥各自的职责和积极性，从而为实现教育信息化的快速、健康、协调发展而共同努力。

第三，具有当机立断的魄力和良好的指挥才能。现代领导观念认为，领导过程就是一个不断决策的过程。教育信息化建设的复杂性、系统性特征要求领导者必须具备很强的预见能力和综合判断能力，善于根据具体情况进行决策，掌握工作的主动权，做到当机立断。

（4）观念素质

信息化浪潮的不断冲击和挑战，要求教育信息化领导者必须具有一定的观念素质。

第一，领导者要提高对教育信息化重要作用和深远意义的认识。21世纪是一个科技飞速发展的新时代，以网络为标志的信息产业将成为核心产业，信息化程度的高低已成为当今世界衡量国家综合实力的一个重要标志。在这样的国际环境下，教育信息化领导者要充分认识到教育信息化不仅是促进教育改革和发展的重要手段，也是国家信息化建设的重要组成部分。

第二，领导者要树立终身学习的理念。教育信息化领导者要在原有学历阶段知识基础上不断拓宽知识领域，在某些学科知识方面，争取比原先基础提高一个层次。

第三，领导者要树立现代教学思想。各种教学现象、教学行为、教学模式，无不受教育思想、教育观念的影响，而思想、观念又是在一定的理论指导下形成的。建构主义学习理论是认知学习理论的新发展，它在"知识观""学习观""学生观""教师角色定位""教学环境"等方面对传统教育理论有重大的突破，给人们带来了一场认识和学习的改革，应成为推进教育信息化、实现全面教育教学改革的重要思想基础。

第四，领导者要注重提高自身的信息素养。能够自如地运用信息工具快速地、高效地获取信息，熟练地、批判性地评价信息，精确地、创造性地使用信息，良好的信息素养已成为当今社会人类生存的基本能力，也是实现教育信息化的基础。

2.教育信息化领导者的群体结构

领导者的个体素质对于领导活动的成效无疑具有十分重要的作用，但在教育信息化建设过程中，真正对领导活动的成效产生决定性作用的因素是领导者的群体素质结构。因此，在重视教育信息化领导者个体素质的同时，也非常有必要对其群体素质结构加以认真分析。

教育信息化领导者的群体结构主要包括思想观念结构、专业知识结构、智能专长结构、气质倾向结构和年龄层次结构。

（1）思想观念结构

教育信息化建设与发展对领导者思想观念方面的要求是多方面、多层次的，然而在现实生活中，领导者不可能在各个方面都达到很高的层次，而是表现出各有所长、各有所短的状况。实现教育信息化领导集体思想观念结构合理化，可以使每个人的长处成为领导集体的长处，避免和淡化每个个体的不足之处，不让教育信息化领导集体的思想观念素质出现明显的薄弱环节，有助于领导者个体的互补共进、共同发展。

（2）专业知识结构

专业知识结构是指在教育信息化领导集体中，不同专业及不同知识水平的成员的配比组合情况。一个人的知识总是有限的，这就要求对教育信息化领导集体进行一定的分工与综合，将不同专业和不同知识水平的人相互搭配起来。简而言之，教育信息化领导集体应当是多种专业人才的有机结合。

（3）智能专长结构

根据获取知识、解决问题的方式和途径的不同，领导者可分为三种不同的智能类型：第一，发现型人才，他们善于观察，长于研究，能从寻常或复杂的现象中产生灵感，发现问题；第二，再现型人才，他们善于操作，长于表达，能够将科学的发现成功地再现，把理论变为现实；第三，创造型人才，他们勇于探索，善于创新，能够有所突破，有所前进。上述三种智能类型的划分不是绝对的，很少有人纯粹地表现为某一类型，而是主要表现为某一类型。在组建教育信息化领导集体时，要注意这些不同类型人员的科学组合。

（4）气质倾向结构

心理学上将人的气质分为胆汁质、多血质、抑郁质和黏液质四种类型。在现实生活中，人的气质一般表现为以某种气质类型为主而兼有其余类型的"综合型"。组建教育信息化领导集体时，要注意不同个性领导者的合理组合。此外，在组建教育信息化领导集体时，还要注意使不同领导者的个性倾向协调一致，否则也会因性格不合、志趣不投等削弱领导集体的整体功能。

（5）年龄层次结构

年龄层次结构是指教育信息化领导集体中不同年龄层次成员的配比组合。领导集体保持一个合理的年龄结构，有助于防止出现教育信息化领导集体的同步老化和干部队伍青黄不接的现象。在构建教育信息化领导集体的年龄层次结构时，要充分认识到老同志阅历较广、经验丰富、深谋远虑，中年人思想开阔、分析问题和解决问题的能力较强，青年人反应敏捷、精力充沛，更易于接受和掌握现代信息技术，合理确定领导集体中老、中、青领导者的配比组合，这将有助于促进教育信息化领导集体整体效能的最大化、最优化。

（二）教育信息化领导艺术

根据领导的一般规律及领导艺术的一般原理，结合教育信息化领导的基本特征，教育信息化领导艺术的基本内容可概括为如下六个方面：

1. 统筹全局的艺术

统筹全局的艺术是教育信息化领导者在处理日常事务时所必备的一项基本的领导艺术，包含三层意思：一是领导者要善于从全局和整体来对教育信息化的建设和发展进行考虑，把握教育信息化的内部和外部关系，抓住要害，带动整体，准确地判定随机事件在教育信息化全局中的地位及其对整体的影响；二是领导者要善于审时度势，对事件做出轻重缓急的分辨，并在此基础上进行充分的分权与授权，将繁杂的教育信息化领导工作安排得井然有序，既把握好中心环节，又照顾到一般环节，主次配合得当，从而使得领导工作得心应手，浑然一体；三是领导者要注重组织管理中各个因素之间的有机配合和平衡协调，能将教育信息化建设与发展中第一位的中心工作与其他第二位、第三位的工作进行恰当安排和有机组合，并把现阶段的中心环节恰如其分地平稳过渡到下一阶段的中心环节，建立紧张而又有条理的工作秩序。

2. 多谋善断的艺术

多谋善断的艺术是教育信息化领导者应具备的领导艺术。教育信息化领导者要掌握充分而可靠的资料，只有掌握了丰富、及时、准确、适用的资料，才有可能做到"多谋"。教育信息化领导者还要掌握并能够熟练运用各种决策方法，制订出多种可供选择、优化的教育信息化发展方案，这样才能"善断"。

3. 知人善任的艺术

能否知人善任，是教育信息化领导者是否成熟的标志，也是领导者用人艺术的精华所在。教育信息化建设人员的群体结构相当复杂，领导者必须树立全新的人才观，历史、全面、辩证地知人，能容人之所短，会用人之所长。此外，教育信息化领导者要善于通过听其言、观其行等多种途径去知人。

4. 科学开会的艺术

科学开会要做到以下八点：第一，不开没有明确议题的会；第二，不开有许多议题的会；第三，不开没有准备的会；第四，不开可开可不开的会；第五，不要无关的人参加；

第六，不要做离题的发言；第七，不要做重复性发言；第八，不要议而不决。

领导者必须具有一套驾驭会议的艺术：第一，会前要安排议程，编好会议资料并搞好会场和会务；第二，会上始终抓住会议的主题；第三，注重激发与会者的思维，善于吸取会议中的创造性内容来充实和丰富原有活动方案；第四，把握会议时间，包括准时开会和按时结束会议；第五，妥善巧妙地处理会上出现的争论、偏题及重复发言等特殊情况。

5.信息利用的艺术

首先，要建立教育信息化管理信息系统，形成信息网络，全方位地搜集教育信息化领导所需的信息，保证信息渠道畅通无阻，这是教育信息化领导者取得领导实效的前提；其次，要坚持适用性原则、可靠性原则、创造性原则和简明性原则对搜集到的信息进行筛选和处理；最后，要准确、及时地"诊断"与"转换"信息，以指导教育信息化建设实践。

6.人文领导的艺术

人文领导要求领导者要能够从内心深处真诚地对别人感兴趣，用心关注他们的需求和问题，并且能够适时给他们以有效的赞美和激励。在实施激励时，要注意以下四点：第一，保持双因素（物质和精神）激励的同步性；第二，保持激励过程的公平性；第三，保持激励的目标性和针对性；第四，保持激励的内在性和及时性。

二、教育信息化的督导

（一）教育信息化督导的基本职能

教育信息化督导的基本职能包括评价职能、监督职能、指导职能、反馈职能、推广职能。

1.教育信息化督导的评价职能

教育信息化督导的评价职能主要是指教育督导人员依据一定的标准和指标体系，运用现代教育统计和教育测量的手段，通过定性与定量分析，对督导对象进行价值判断，以衡量其达成目标的程度。

2.教育信息化督导的监督职能

教育信息化督导的监督职能的发挥，对提高教育行政管理的效率和完成教育信息化的任务具有极大的推动作用。加强督导的监督功能，要经常深入基层单位。要通过督导工作，调查研究，检查督促，及时发现问题，解决问题，总结经验，推动工作。为达到此项目的，督导人员应注意以下两点：

（1）不要带着框框检查工作

教育信息化督导工作具有很强的政策性，必须根据党的方针政策的要求，按照一定的标准进行，不能事先画框框、定调调。这是因为一切结论都应产生于调查情况的末尾，而不是它的先头。正确的检查监督的方法是：第一，不根据允诺，而看工作结果；第二，不根据计划，而看实际是否做了或是否敷衍；第三，不看形式，而看内容和实际是否正确地执行或被曲解了；第四，不仅由上而下，还要由下而上地审查；第五，要有系统地经常审查；第六，要有领导者参加。

（2）不要"钦差大臣"式的作风

由于督导人员是代表上级教育行政机关下去检查工作的，所以基层单位对其特别尊重，希望多听听督导人员的意见。在这种情况下，如果督导人员缺乏自知之明，就容易乱发议论，指手画脚，弄得基层领导无所适从。督导中应有正确的指导思想，坚持一切从实际出发和实践第一的观点，要靠深入实际去获取信息，进行督导时应当"下马观花"，以期更好地发挥教育督导的监督功能。

3.教育信息化督导的指导职能

教育信息化督导不仅要监督、评估，还要在评估的基础上对被督导单位进行指导。加强指导，是教育信息化事业发展的需要。从整体上看，由于各个地区的经济条件不同，教育信息化事业的发展也很不平衡，即使在同一个地区内，经济、文化的发展也是不平衡的，这就是我们的实际情况。在这种情况下，教育信息化管理工作不仅需要加强指导，而且必须从实际出发进行指导。在督导过程中加强指导，要善于诱导督促，切不可瞎指挥、乱批评。如果这样，势必破坏心理平衡，影响指导的效果，甚至还可能导致督导工作无法进行。要想进行有效的指导，就必须改进作风，力求激励群众锐意改革的信心。要发挥督导的指导功能，在反对瞎指挥的同时，还要注意防止唯唯诺诺、胆小怕事的现象。

4.教育信息化督导的反馈职能

教育信息化管理督导从本质上说，就是实现教育信息化工作有效控制的一种机制。因此，反馈也就成为教育信息化督导的基本职能之一。发挥教育督导的反馈职能，要善于处理反馈信息，即传递信息要迅速，反馈信息要真实。只有信息反馈及时，才能使决策不失时机；只有信息反馈准确，才能提高决策的质量。如果反馈失真，就可能谬以千里，造成损失。如果反馈迟缓，就可能时过境迁，贻误工作。因此，及时、准确地反馈信息是督导机构的重要职责。反馈的具体要求包括以下两大点：

（1）实事求是，反映下情

督导人员在督导地方教育和学校工作中，会发现许多新情况、新问题、新经验，这些都是教育方针、政策、法规在实践的碰撞过程中折射出来的教育信息。督导人员在行使教育监督职责的同时，有责任、有义务将基层教育情况信息进行整理，向同级政府、教育行政机关及上级教育行政和督导机构反映。向上反馈教育信息，一是要注意客观真实性；二要注意广泛综合性。教育信息收集越广泛，其信息量就越大。

（2）积极建议，当好参谋

从某种意义上讲，教育督导人员相当于政府和教育行政机关的耳目，负有调查研究、当好参谋的责任。信息反馈的目的，是要为行政管理决策提供更多、更广泛的实际工作情况，以调整、完善教育发展方向、目标、政策，增强调控能力，使教育工作在原有基础上向更高的层次推进。因此，督导人员在实施信息反馈时，不能单是数据的罗列、事例的堆砌，而是要透过纷乱复杂的教育现象，研究综合教育工作者和组织者在教育改革实践中创造的新经验、探索的新路子，积极提出自己的意见及建议，供领导决策时参考比较，发挥督导在教育决策中的参谋作用。

5.教育信息化督导的推广职能

教育信息化督导是教育方针、政策在执行过程中的一种监督、控制行为。在进行教育信息化督导监控中，就应注意发现典型、运用和推广典型，以提高信息化督导工作的效益。

（1）推广的内容

督导推广内容应包括两个方面：一是执行过程中的典型经验；二是在执行过程中开拓、创造的新鲜经验。推广这类典型，不仅能引导各地、各校向着改革的新目标前进，而且在推广的实践过程中能进一步总结提高，成为形成新的教育工作决策的实践依据。

（2）推广的要求

教育督导推广职能的发挥，一是要善于发现先进典型。典型是客观存在的，但典型能否得到重视、推广，则取决于督导人员的认识水平。这就要求督导人员在工作中认真学习研究教育方针、政策，认清工作前进的目标，同时要虚心向实际学习，研究实际情况。在上级制定的方针、政策与实际执行过程的碰撞或者结合中发现先进典型。二是要注意培养典型。先进典型不仅需要发现，而且更需要培养。典型的培养，要防止人为主观意志的过多干预，注重从实际情况出发，因势利导，不断丰富完善，使之更具有先进性、典型性和说服力。三是要重视总结典型。典型总结要尊重客观事实，研究典型形成的主客观原因，寻求规律，不能搞脱离实际的人为拔高。

（二）教育信息化督导的过程

1.教育信息化督导的准备阶段

教育信息化督导的准备阶段要做好以下五方面的工作：

（1）制订教育信息化督导计划

督导计划的制订要以教育行政主管机关的总体工作计划为依据，主要内容应包括督导目的、督导要求、督导对象、督导日程、督导人员及其分工、督导方法及注意事项等。在制订督导计划时，要考虑这样几个问题：本次督导要了解些什么、深入检查些什么、重点研究些什么、督导者本身要获得些什么，同时还要考虑当前教育工作的基本任务、督导对象的基础、督导人员的水平及督导时间与力量等。

（2）提前与被督导单位取得联系

督导人员在深入基层进行督导之前，一般要提前与被督导单位取得联系，交代督导目的和重点，并要求被督导单位按提纲准备好汇报材料，整理出有关的统计报表等资料。

（3）阅读被督导单位的有关书面材料

通过阅读被督导单位的有关书面材料（如：工作计划、工作总结、书面报告、报表等），可以对督导对象有一个初步的了解。此外，督导人员还可与曾督导过这些单位的同志取得联系，从他们那里了解一些被督导单位的情况。

（4）学习有关教育信息化的方针、政策和法令

督导人员在督导工作中的主要任务就是检查、监督被督导单位是否认真贯彻执行了党和国家的教育信息化方针、政策和法令，执行中有无偏差，并给予积极的指导。因此，督导人员要使督导工作卓有成效，就必须学习并掌握有关的教育信息化方针、政策和法令。

（5）做好督导人员的思想工作

要明确督导人员是代表上级机关的工作人员，督导是工作也是学习，要端正督导人员的工作态度，做到礼貌交往，平易近人，同志式地待人处事。要明确督导工作应以肯定成绩、发扬优点、总结经验、明确方向为主，对于问题和缺点要分析原因，提出解决的办法。此外，还要宣布必要的纪律，如：服从统一领导、按原定计划办事、不经集体研究不轻易发表结论性意见、遵守被督导单位的各项规章制度等。

2.教育信息化督导的进行阶段

教育信息化督导的进行阶段应做好以下三大方面的工作：

（1）与被督导单位的领导干部见面

与被督导单位的领导干部见面，听取汇报，并与其分析当时的情况，研究教育信息化督导计划的执行与安排，这是教育信息化督导在进行阶段要做的首项工作。在这里，督导人员要做好以下工作：了解被督导单位的基本状况，包括各项工作的进程、各项规章制度的进行情况；初步掌握被督导单位各方面人员对督导人员的基本态度，安排如何具体执行督导计划，消除被督导单位的顾虑，端正他们的态度，使其积极协助督导工作的顺利进行。

（2）召开由各方代表参加的见面会

召开见面会，说明来意，宣布督导计划，提出要求，动员被督导单位全体人员保持正常的生活、学习、工作秩序。与督导人员真诚合作，共同做好督导工作，这是教育信息化管理督导在进行阶段要做的又一工作。

（3）深入实际，各负其责，全面督导被督导单位教育信息化方面的各项工作

在这里，督导人员按分工不同，各负其责，深入被督导单位的第一线，对其各项工作进行深入的视察、调查和研究，全面掌握情况。在此必须指出的是，督导人员要严格按督导计划行事，不要被人牵着鼻子走。

3.教育信息化督导的总结阶段

教育信息化督导的总结阶段主要是做好以下两个方面的工作：

（1）督导总结

在全面了解情况的基础上，要有重点地研究问题，以便为做好督导总结奠定基础、准备材料。这里所谓重点地研究问题，主要是指以下三点：一是被督导单位突出的优点，要研究、总结其经验；二是被督导单位存在的主要问题，要分析其根源，找出解决的办法；三是督导计划中确定的重点研究的问题。研究重点问题时，要邀请被督导单位有关人员参加，一般以召开小型的专题性座谈会为宜。

督导总结要写出督导报告和督导工作总结。督导报告主要是针对被督导单位而言的，其主要内容包括被督导单位的基本情况、工作成绩和主要经验、存在的问题及改进的意见。督导工作总结主要是总结督导人员开展督导工作的情况和经验体会，其目的是总结督导工作的经验，找出不足，以便做好以后的工作。

（2）举行座谈会

督导人员在督导工作结束时，要举行座谈会。参加座谈会的人员与见面会相同。座谈会上先由督导组报告督导总结，并对一些当时还不能做出结论的问题提出建设性意见，要求被督导单位深入研究。然后由被督导单位负责人发言。最后，向参加座谈会的人员征求对督导工作的意见和建议。

第三章　高校教育信息化管理

高校教育信息化是把现代信息技术应用到大学教育的各个方面，以推动大学教学的改革和发展。随着我国高等教育的不断发展，教育教学模式发生了巨大的变化，从而推动了教学的改革。这对高校的教育思想、观念、模式、内容、方法等都造成了很大的影响。高校教育信息化建设在高等教育中占有举足轻重的地位，它对培养创新型人才等都有着深远的影响，是实现高校教育跨越式发展的必然选择。在创新教育理念背景下，给高校教育信息化管理提出了新的要求。

第一节　高校教育管理信息化创新面临的挑战

一、教育管理信息缺乏实证性

当今信息技术带来十分容易得到的信息量，使许多人不再热衷于调查。一些管理者为图便捷，忽视实际调查的同时，直接从互联网上下载其他机构的规章制度，这在教育管理规章制度施行中很常见。在有限的信息技术知识只供给我们有关"何时""何地""何事"的"硬性信息"的条件下，如果只考虑结果，却不能给我们带来思索和处理问题的方法，这是不够的。如果信息技术没办法与现实相呼应，只能是生硬的、无活力的应用。所以，在现代信息技术的支持下，信息和实践相结合是教育管理中必须特别注意的问题。

二、信息安全与保密是教育管理信息中的重大问题

教师、学生、课程、学籍、教材、教学、教学网站之类的信息等组成了教育管理信息。在现代信息技术的依托下，特别是教育管理中的信息系统，因其能开放和互动，在复杂的程序下，信息和教育管理系统自身的弱点和疏漏使信息极其可能被随意取出，复制和拦截的问题在存储和传输过程中十分常见，导致信息泄露，有安全隐患。虽然建立了访问，具有一定的权限，但有一些机密信息将被窃取或篡改（如黑客）。如果其他电脑程序一样，计算机病毒的攻击也会对教育管理系统造成严重的破坏，如果系统瘫痪，学校范围内的教学将难以进行，由此带来的损失将是巨大的。

三、教育管理信息的零散及不对称问题

信息时代的进步给人类带来太多的信息，但是这也是一个阻碍。文化的浓缩是电子媒体带来的特色功能，然而随之而来的文化的碎片化是人们的一种障碍。如今在单位时间内人们得到信息很容易，这是由于信息技术日益发达的传递和处理带来的。教育管理人员拥有如此繁杂的信息，在选择时很可能错乱，特别是令人模糊的内容出现时，像是各种混淆视听的信息，这样就使判断产生困难，管理或决策也容易有很大的问题。由此，信息在传播时也导致了新的信息匮乏。

信息不对称理论即由于参与者对信息的了解和掌握有差异，双方拥有的信息不对等，由此在经济活动中，就出现了不对称信息下的交易关系和契约安排的经济理论。信息不对称理论最早产生于经济学领域，但近年来其提供的有新意的视角被用于教育领域。

在信息时期背景下，高校这个整体在和学生之间、教师之间、师生之间及教师相互作用中的内在关系，也存在着信息不对称的表象，尤其是基于教育管理现象中的信息不对称。教学和管理中信息化在学生和教师两个方面各自水平要求有所不同，像对计算机操作技能不同的要求，只有在网站信息发布学校的教育管理部门才有，忽略了对象本身，很难保证教育的公平性。对于教师教学质量的评价，在收集学生网上反馈时，教师可能过于严格，因此学生去进行评价时就会有多方面因素的影响，因而比较随意。如果教师的教学质量只取决于学生单方面的评价，这样可能不会促进教师的发展，反而会让有些不负责任的教师更加散漫，这样产生的教学质量评价也就不会具有一定的效用。

四、教育管理人员总的素质水平很可能降低

因为信息技术的限制，垄断信息来源和程序等形式，致使信息系统化、规范化、程序化，这样做不仅会造成直接和片面，也让人们毫不费力地去直线反应，使行为僵硬、呆板。如果管理者在很大程度上依靠信息技术，就会失去独立探索问题的能力，还会脱离实际。以上行为会对教育管理者综合素质的发展产生不利影响。

五、高校教育管理信息化中产生的问题

（一）管理观念和体制滞后问题

高校教育管理信息化经过了多年的实行，而具体到实施过程时，太多高校仍然把精力投入主要建筑和硬件平台，而忽略了现代、高效和智能化的教育管理理念，在管理的概念、理论方面，还是习惯于传统的教学模式，管理模式没有与时俱进。主要在于高校决策部门没有发挥作用，并且有关制度不健全，没有专门职能人员的设置。

（二）没有全面深入的认识

在教学信息管理方面，高校对于它的重视程度不尽相同，但问题却是有的，如：了解的程度不够，相应的规划和机制没有建立和完善，没有给予足够的重视等。另外，一些高校忽视教育管理的核心任务，重管理教学；在机构设置上，人员配备的问题没有得到解决，没有相应的信息和科学的施工队伍；落后的思想及复杂和混乱的局面；仍有大量的工作目前还不能有效地应用信息技术，管理方面也不健全。

（三）信息资源建设跟不上时代发展的问题

教育管理信息化的基础主要是对信息资源的有力建设，然而我国的信息资源建设很落后。其原因体现为以下三点：一是缺乏强有力的教育行政部门的指导和协调；二是高校之间没有沟通，没有相互支持建设；三是学校内部各部门之间很少进行沟通协作。管理的分离，使教育管理的数据共享无法得到充分实现，由此使各部门之间脱节，产生了很多不必要的行为，也使数据的准确性问题大大降低。这样分散的部门各自对管理信息系统进行关于本部门的工作安排，使数据被多次采集，增加了工作的负担，并且使学校整体的工作没有得到有效的改进，还浪费了人力。

（四）信息资源的建设不够规范的问题

教育管理信息化最主要的还是进行信息资源的发展，开发和建设信息资源是教育管理信息化建设的基础，同时需要不断地进行探索，才能有所发展。

信息资源的标准化问题在整个教育管理信息系统中起着关键作用。信息的编码规则是不是实用、直观，能不能被广泛应用，它的前瞻性又能不能和现在及未来的教育管理模式相适应，这都需要加以考虑。采集数据时，要把握数据的精确性，用科学的方法得到科学的数据结果。只有把信息技术和教学信息资源展开深层次的融合，发挥二者在互相促进与互相补充方面的作用，才能打造完善化的教育管理信息系统。

（五）教育管理信息系统的开发问题

教育管理信息系统属于支撑和实行多校区远程教育管理的核心软件。它作为一个复杂的项目，需要大量资金投入，能涵盖很多区域，功能很强大，同时对技术的要求很高，需要长期开发才能实现。在开发的过程中，软件编程和代码编写都要求专业的人才并有大量经验，同时了解教育管理，具备教育管理经验，还应具备软件开发的条件和机制。事实上，对于普通高校来说，宜采取引进与购买两种发展相结合的方式。利用这样的方式能够明显提升软件开发效率，减少成本耗费，二者开发的重要依据是学校实际管理特征与个性化管理需要。

（六）教育管理制度的定位问题

普通高校，尤其是成立时间并不长的高校，教育管理体制确定的是学年制，如果完全实行学分制的直接飞跃，就会让广大师生因为无法适应新管理而产生一系列的问题。所以，在教育管理制度的定位和选择方面，一定要循序渐进，不能一下子到学分制，而是向着学分制过渡，考虑到师生的管理适应度。

（七）教育管理队伍的建设问题

教育管理信息化是对技术和各方面要求极高的一项工作内容，也因而提高了对教育管理人员的素质要求。因为教育管理者与教育质量和信息化建设存在着不可分割的关系，只有促使他们树立现代化的教育观念，有效积累获取多元化管理知识，并且懂得创新，才能真正掌握信息化技术，进而为管理信息系统的构建做出突出贡献。所以，教育管理者一定是拥有极高综合素质的管理型人才。高校除了要在软件和硬件建设方面加大工作力度外，还要加大对教育管理者的教育培训，不断提高他们的实际应用能力；培养信息素养，丰富他们的信息技术知识技能。另外，信息管理的制度要健全，特别是考核和奖惩制度，这些制度只有科学规范，才能激励和促进信息管理队伍的发展。

（八）ICT与教育管理融合不和谐

目前，高校教育管理信息化仍在不断探索，在单纯的信息和通信技术的研究和探讨方面，对教育教学指导不足；在单纯的管理理论和教育教学的规律方面，对研究ICT缺乏支持。主要表现在以下四个方面：

1.高校教育管理实践在发展中，矛盾体现在两个方面

一方面是继承传统的教育管理模式，应对新的问题和产生的新技术，在新形势下由于固有的传统的思维定式，并且没有与时俱进的理论与思想的指引，不知所措；另一方面是信息技术已应用于教学和教育管理，但应用不理想、管理效率低下的现象仍然十分严重，资源浪费现象还普遍存在。

2.在教育信息化发展统一规划和协调方面还存在着很大的不足

宏观层面无法从学校和高等教育管理系统、应用平台等方面完全利用信息资源，更无法实现资源共享，这样使管理的效率有很大程度的下降。

3.信息的标准化不够统一

由于信息的标准化不够统一，因此我国教育软件业开发出来的产品各有不同，使极多

的信息各自孤立，极难完全得到应用。

4.ICT和教育管理的共融还难以实现

怎样使软件输出的资料适应教育教学基本规律，以及使现代教育中管理的理论与应用系统有效结合，让人性化管理和个性化服务的特点得以实现，是教育界和ICT界亟待解决的问题。

第二节　大数据时代信息化发展对推进高校教育管理创新的现实意义

一、实现教育"四种效应"

教育信息化建设步伐在不断加快，从产生一直发展到现在，已经有了很多年的时间。可以说，目前我国已经具备了一定教育数据资源的积累，但其中还有很多问题亟待解决，具体表现为以下四个方面：第一，数据收集方法非常单一，渠道狭窄，大多数数据的来源均为教育管理系统。第二，数据整合程度较低，数据割据问题和零散化分布问题十分明显，往往会忽视数据之间的内在关联性。例如，教育视频这一极具价值的教育信息资源并没有在教育事业发展进程中被有效运用，使人们难以探寻到成本低廉和获取便利的多元教学资源，影响到人们个性化学习需要的满足。第三，数据质量水平及可利用价值相对较低。在如今数据爆炸的时代，对数据进行处理与运用时存在着极大的难度，造成数据质量低的同时，降低了数据可利用价值。第四，没有建立完善的数据平台。想要对爆炸性的教育数据资料进行分析，挖掘其内在价值，就一定要借助数据平台，提供优质而又全面的数据服务，但是很明显目前尚未构建一个良好的数据平台。

教育事业的发展和进步离不开大数据的支持，而大数据在整个教育行业进步中的应用也在不断扩大，在实际应用中会显现出以下四种效应，下面对其进行逐个分析说明。

（一）大数据对教育的整合效应

要发展智慧教育，打造强有力的智慧教育生态系统，不能够单一局限在构建信息系统方面，对整个系统中的内容与数据展开剖析和建设也是非常关键的。在大数据时代背景下，在很大程度上数据价值高于系统价值。在信息化领域，人们普遍认可和遵照的规律是三分技术、七分管理与十二分数据。如果从核心价值方面对大数据进行分析，我们可以用"开放"两个字进行概括。大数据借助数据研究这种方式找到事物发展客观规律，需要依赖真实及广泛的数据，如果没有能够满足这些要求的数据，是无法探寻到客观规律的。如何共享与开放数据与如何对数据做加法是目前大数据进步历程中亟待解决的实际问题，更是人们不可避免的软肋。就目前而言，绝大多数的行业与领域数据都不具备开放性的特征，数据资料往往握在不同行业主体手中，主体并不愿意将自己手中握有的数据资料免费分享给他人。从教育这个领域来看，不同教育主体在大数据时代运用信息科技时有着各自独具特色的数据资源优势，在早期阶段绝大多数的教育数据都是几大教育主体垄断的。随着时间的推移，尤其是信息科技的迅猛进步，教育课程与平台的开放程度逐步增加，出现了大量品质高且具体化的教育信息与数据。将这些数据进行有效的关联与互动，会生出具备更高价值的数据信息，不断地补充和完善教育数据库，出现$1＋1＞2$的整合及规模效应。所以，站在这一层面上看，大数据作用在教育方面，在数量上做了一次加法。

大数据拥有关联分析的特殊优势，正是因为这一优势特性的存在，让数据存在着的行业界限被有效地打破，也将各行各业数据进行有效关联。例如，大数据能够将学校周围交通和学生进出小数据建立关联关系，以便智能化地管理学校周围区域的红绿灯。但数据能够将学片区房屋信息和学校教师团队整体水平及学生的有关数据资料关联起来，进而更加合理科学地分配学片区教师资源，为教育资源的优化配置创造良好的条件，让择校问题得以顺利解决。教育大数据正是在关联分析的支撑下，推动教育规模的增加，实现多领域与行业数据之间的全面互动；同时，极大地解决了过去依靠单一领域或行业不能够解决综合复杂问题的难题，让数据孤岛现象大幅缓解，也让很多表面看来没有价值的数据显现出以往没有发现的突出价值。

（二）大数据对教育的降噪效应

全球领域的数据数量正在加速增长，同时数据类别呈现出多元化的发展趋势。有时大量数据会由于噪声造成数据质量大幅下降。说到这里，我们首先需要知道一个概念，那就是数据噪声。噪声是被测量变量的随机误差或方差。数据以一个极快的速度增长，并不表明我们的理解能力和分析能力与数据的增长同步进行，绝大多数的信息都是噪声，并且噪声增速远远快于信号。还有大量假设亟待验证，大量数据资料亟待深层次的分析与挖掘。

我国的教育事业正在快速发展，教育信息化水平也在不断加快，特别是在信息科技广泛深度应用的进程中，教育环境、模式、手段等多个领域都发生了翻天覆地的改革，另外也出现了大量的教育数据。实际上产生的教育数据存在着大量的数据噪声，只有一部分是有好处和可利用的，这些数据噪声会直接影响教育决策的制定，也会影响教育趋势的研究准确性。不管是哪个学校，都有着丰富而又庞大的教学资源与教学数据，但真正可在教学中有效应用的少之又少，可以随教学内容更新而不更新，满足学生互动参与类的资源更少。这时就要借助大数据技术做减法，也就是说整合已有数据，全面剔除虚假的数据与资源，获得真实的数据信息，进而获得真正的结果。

在认识大数据对教育驱动的基础上，对差异化教育主体、系统、环境出现的海量数据展开整合研究，激活有价值的数据，剔除虚假数据，发挥大数据的减法作用，最大限度地减少数据噪声问题。

（三）大数据对教育的倍增效应

在历经长时间的累积，特别是在教育事业加快改革的背景下，教育数据积累量大幅提升。因为大数据能够把过去很多处于休眠状态的数据激活，把原本处于静态状态下的数据催化成动态数据，促使教育数据倍增效应的产生，所以智慧教育快速发展。一方面，大数据有助于彻底打破传统教育的束缚，有效解决以往教育背景下遇到的教学改革难、择校难等实际问题。数据驱动决策与流程等的实际模式，会在整个教育事业的发展进步中更大范围地推广应用。另一方面，大数据为教育事业进步注入了生机活力，同时带来了创新的曙光，推动了教育产业转型升级，促进了教育教学模式的创新，还推动了教育科技的发展，这些都给教育事业的变革带来了极大的便利性。有一部分新兴创新企业把教育数据作为基础，提供具体化和针对性强的教育解决方案，促进大数据的商品化与产业化，并在整个教育领域引发创业创新浪潮和产业改革。大数据催生了很多教育应用程序，促进了很多在线课程细分企业出现。站在这一层面上进行分析，大数据在教育发展过程中发挥了倍增效应中的乘数作用。

20世纪90年代，我国就致力于教育信息化建设。在长时间的发展过程中虽然获得了一定成果，但是所取得的成绩还不够显著。最主要的原因是没有深层次地挖掘运用教育信息化背后隐藏着的数据信息，不能让这些无形资产发挥最大的应用效果，同时没有增强教育信息化在优化教育决策及改善教育质量等方面的积极效应。教育部门与学校等教育主体部署了专门的学位、学籍、教务管理等系统，累积了很多教育数据信息，不过这些数据并没有得到充分利用，而是长时间处于休眠状态。实际上，运用大数据，借助对以往数据资料的挖掘分析能够清晰掌握就业前景良好的专业、辍学率高的地区、教师课业负担大的课程等多个方面的结论，从而优化课程安排，制定针对性强的入学补助策略，提升教育决策的科学性和有效性。

（四）大数据对教育的破除效应

受到标准体系不完善和不具备信息化统筹推进机制等诸多因素的影响，当前我国各地各层教育信息系统在数据规范与接口标准等诸多方面不能良好协同，没有实现积极互通，从而出现了极为明显而又严重的信息孤岛问题，数据资料之间存在很明显的界限。要彻底转变和缓解这一问题，就要重视发挥大数据的作用，以大数据为支持对教育行业内部与行业间存在的信息孤岛这一显著问题进行破除，彻底冲破数据之间存在着的壁垒，把异构数据资料进行统一，使各个部门的教育数据实现高度互联互通，让智慧教育的发展目标得以达成，也为智慧城市建设做出突出贡献。例如，学校系统可与公安系统互联互通，借助流动人口数据分析的方式，形成对学生数量与特征的有效预测，有效解决教育资源结构错配等方面的问题，做到早预警和早干预，为广大家长提供更加优质的选择。

通过对大数据产生发展的规律进行分析，我们能够看到大数据发展经历了渐进过程，从产生一直到发展成如今比较成熟的阶段，经历了技术、能力、理念与时代的演变。而人们对大数据的高度认可及大范围的普及应用，将会随大数据发展出现调整与变化。所以，在教育事业发展过程中，加强大数据技术的应用会产生极为深远重大的影响。影响过程会经历很长的时间，从思维上的革新一直到应用水平的增长，需要经历长久的演变。大数据刚刚被应用到教育事业发展的阶段，只被当作信息化工具。借助大数据转变教育模式，提高教学效率，让教育朝着个性化与智能化的方向发展。大数据的应用在持续不断地朝着深层次方向发展，更多的人会意识到大数据是能够突破传统教育诸多困难问题的一种新能力。在大数据得到整个社会的肯定、数据资产理念全面普及、人们认识到大数据和教育结合后会产生极大的社会效应。通过对教育资源进行有效整合，能够出现资源聚合的效应。最后，在整个教育领域建立了数据文化氛围，渗透数据治理思想观念时，会构建一个具备可持续性发展特征的教育生态系统。

二、破解教育"难题"

将大数据作为动力支持发展教育事业，不但能够彻底转变传统教育思维，还能够借助新技术，推动教育的系统变革，让传统教育中长时间存在却又没有办法有效解决的问题被彻底破解。

（一）破解教育资源不均衡难题，实现教育普惠化

正是因为大数据对教育事业的支持，促使教育的公平性和普惠性大幅提升。教育普惠化是教育事业改革进步的一个重要目标。普是指平等的教育机会，而惠则是较低的教育成本。通过将大数据应用到教育事业发展过程中，会推动区域教育资源朝着共建共享的道路发展，让更多高质量教育资源进行大范围的普及推广，实现教育普惠的发展目标，促进教育公平的实现。

1.促进区域教育资源共建共享，降低重复建设和浪费

过去建设数字校园时出现了很多信息孤岛问题和数字鸿沟问题，到了如今这个新时代，云计算给教育信息化发展提供了很多的新思路，集中建设的方法会给教育资源收集存储共享运用带来更多的助力，也会更有助于区域性教育大数据的形成与发展。教育大数据

能够让区域教育资源实现共同建设与共同分享，而这些资源具有高度集成性的特征，同时有着很高的质量，能够明显减少教育资源重复建设问题及资源浪费问题等的发生概率。

如今，我国已经建设了国家教育管理公共服务平台、国家教育资源公共服务平台两个大平台，建设目标是要聚集教育管理与教学支持系统的大量数据资料和信息资源，构建能够促进教育教学发展、优化教育管理的教育大数据。前者借助师生一人一号、学校一校一码的思路，全面收集全国范围内师生与学校的动态化数据资料。后者借助资源征集、汇聚、共建、捐赠等多元化的方法让教育教学资源数据聚集成一个庞大的系统。教育大平台建设中收集到的这些数据，可以成为教育事业建设的指路明灯，成为智能化教育发展及教育决策产生的根基，而决策科学化水平的提高将会进一步降低教育成本。

2.加大优质教育资源的普及，缩小不同地区之间的差距

第一，远程教育的出现、同步课堂手段的发展等会让教育信息化程度逐步加深，也会让教育的普及度大幅提升，逐步缩小不同地区、学校及城乡之间存在的教育资源不平衡。第二，构建统一化的教育数据资源库，减少教师与学校资源存在的差距。我国把建设教育管理公共服务平台当作今后一阶段教育管理信息化建设的重要事项，积极促进学校、教师和学生三个基本数据库的建设，将师生一人一号与学校一校一码推广到全国，为广大师生与每所学校构建全国唯一的电子档案库。这些档案资料建设完成，能够将国家教育数据资源进行高度整合。把这些整合后的数据资料进行综合性分析和研究，能够动态化地监管教师换岗、转岗轨迹，跟踪学生转学、升学等一系列的过程，让教师资源分配不均、重点学校分布不合理等问题在很大程度上得到解决，逐步缩小教育成本之间的差距。第三，随着智能手机、平板电脑等现代化智能设备的产生和大范围的普及推广，再加上在线学习系统大范围的普及应用，免费教育资源开放性的提升，线上学习不管是在成本还是门槛方面都明显下降，使广大学习者可以充分结合自己的特征与需要选取在线学习课程，突破时空条件的限制，打破年龄上的约束，只要学习者有需求就能够随时随地搜集信息资源和学习内容，可以极大地减少公共资源浪费问题，为教育公平实现提供有效支持。

（二）破解教育方式单调化难题，助推教育个性化

有了大数据这一现代科技，让发展个性化教育的目标变成了现实。在后信息时代，信息的个性化程度将会进一步加剧，同时信息细分能力将大幅增强。大数据时代的信息受众会更加细致与具体，大量数据信息服务均是以个人需求为基础提供的，具有极强的目的性，能够实现更加精准的定位，保证服务效果。未来教育是以智慧教育为根基建立的人人有学上、人人上好学的伟大教育蓝图：每个学生都拥有个性化学习模型，学生不但能够自主选择学习方法与内容，还能够结合个人兴趣爱好与发展意愿挑选、构建与自身个性相符合的课程，不必考虑课程究竟来自何地。学生可以最大化地借助信息技术，突破时空及打

破主体限制的优势，收获高质量个性化服务，保证教育的整体质量。另外，高等教育改革的基本模式将会逐步构建完成，学生主体性学习需要进一步增强，个性化学习与教育需求将会变得非常强烈。

1.大数据驱动个性化教学

大数据能够让教师在选取教育内容时合理选择与学生身心发展特征和学习需要相符合的教学内容。教育的根本在于因材施教，但是因材施教在教育发展过程中并没有真正落到实处。大数据技术的引入与应用，为因材施教目标的实现奠定了坚实的基础。大数据能够记录学生的学习状况，通过对学生的相关数据信息进行分析挖掘得到学生学习习惯、兴趣爱好、偏好等多个方面的信息，而教师只须借助计算机或移动终端设备就能够清晰和真正地了解每位学生。将大数据大范围和深层次地应用到教育事业发展过程中，教师能够跟踪学生的整体学习状况，掌握学生在网络化学习过程中，究竟是在哪些地方遇到难题，在哪些地方花费的时间很多，重复访问的页面，更加偏爱的学习方法，获得最佳学习质量的时间点等。简单地说，大数据能够加深对学习者的了解，提高了解的深度与准确度。不管是教师、学校管理者，还是学生的家长，都能利用大数据获得大量高价值信息，确保教学决策的科学性与有效性。教师通过对学生整体学习轨迹展开研究分析，在没有正式教学前就能够比较精准地把握教学难点，从而有针对性地完成备课工作，节约时间和减少其他成本的耗费。

2.大数据驱动个性化学习

大数据能够让学生更容易找到自己需要和感兴趣的学习内容。学位指南课程推荐系统能够给广大学生提供个性化的课程推荐服务，使学生既能深层次地把握和他们最契合的专业，也能优先选择发挥他们聪明才智的课程。给出的选课建议并不是发现学生最喜爱的课程，而是研究哪些课程更有利于学生制订合理的学习计划，怎样的课程安排可以让学生收获最佳的学习效果等。这个系统还给学生顾问及系主任提供大量的信息支持，使得他们能够选用定向干预及课程调控等方案提升教育教学质量。这个系统功能的逐步强化与改进，还能够让学生在专业挑选方面获得支持。

Knewton网上教育企业重要的发展目标是为学校、全球学生及广大的发行商提供预测分析与个性推荐服务。该企业提供的核心产品是在线学习工具，而这些工具针对的是每位学习者，能够充分满足他们的个性化需求。该企业还加强和出版商的密切合作，通过进行资源整合和协调互动，对不同类型的课程资料展开了数字化建设，同时极大地拓展了学生覆盖范围。该企业的核心技术是适配学习技术，可以借助信息收集、预测推断及建议的方式给出个性化的意见与建议。在收集数据时会构建学习内容体系中差异化概念关联，把学习目标、类别和学生互动进行有效集成，之后借助模型计算引擎等进行后续数据的处理分析与应用。在预测推断阶段，会借助心理测试、策略与反馈引擎研究收集到的数据资料，而研究获得的结果会用建议的形式在建议阶段推荐给学习者，满足他们个性化的学习需求。

3.大数据驱动个性化交互

大数据拥有数据跨界整合、流动与挖掘等突出的优势，能够让原本零散分布的线上线下教学资源整合成一个整体，彻底突破以往落后的教学关系，形成极具个性化的交互，为广大师生和家长提供更加精准、有效的互动平台。这样的精准交互之所以能够实现，是因为有精准定位。学习目标作为基础，再加上有现代信息技术提供个性精准学习资源与考核体系，让学习速度与质量均可度量。一对一精准交互极大地保障了师生、家长等多个方面的沟通有效性，同时让学生的个性化学习需要得到持续不断的满足，实现线上线下的个性化互动与关怀，降低学生的学习压力与负担，节约时间，提升学习质量。

（三）破解教育信息隐形化难题，促进教育可量化

以往教育信息均具备隐形化的特征，不能有效实现多元化的信息处理，但是大数据技术的应用，彻底转变了原有的教育信息状态，让这些数据信息能够实现量化处理。正是因为现代计算机技术的快速发展，大量数据库的完善化建设，让个人在客观世界中的一系列活动被充分记录下来。这样的记录拥有极高的粒度水平，同时也在与日俱增，为社会科学定量分析带来了重要的数据支持。因为可以更精准地测量与计算，社会科学将会揭下准科学面具，在21世纪迈入科学殿堂。比如，新闻跟帖、下载记录、社交平台信息记录等都给政治行为分析工作提供了海量数据资料，政治学将会逐步转变成为政治科学。教育是社会科学不可或缺的组成要素，也会以数据科学发展为契机，朝着可量化的方向发展。

之所以能够促进智慧教育的产生和进步，是因为有信息化基础设施和信息化技术作为重要的依托，以及大量的信息化新技术正在大范围地推广应用。这些丰富多样的核心技术让教育事业建设拥有了大量教育数据，推动教育智能化的深层次发展，而不是停留在表面。将信息技术作为有效评价，学生学习兴趣与学习难点等过去只能依靠教师经验才可确定的，现如今借助学习软件就能够轻松获取。这样的可量化在教育中主要体现为教学过程、校园管理、教学评估的可量化。就拿教育质量评估来说，大数据技术的有效融入和广泛应用让单独开展过程性评价测量与评估从不可能变成了可能。在具体的教学环节，学生出勤率、习题准确率、师生互动频率等数据都能够通过收集、归类、整理、研究等方法构建过程性教育质量评价方法，而这些信息对于学校办学及学校教育科研的进步将会是极大的助力。

以大数据技术为依托的可量化衍生而来的个性化教育是智慧教育非常明显的一个特点，通过捕捉学生学习轨迹、活动轨迹、资源使用轨迹等多个方面的信息，可以有效预测、获取学生兴趣点，分析学生的学习需求，进而为他们提供更有针对性的学习资源和学

习服务，让学生的学习需要得到满足，也让他们顺利地实现学习目标，在智慧学习中走得更远。

（四）破解教育决策难题，提升决策科学化

怎样将教育数据作为有效基础，积极制定教育政策是目前教育领域长时间都在积极探究的课题。在传统教育的发展进程中，制定教育决策主要依靠经验，或主观上的判断。目前，大量教育决策的提出，过度依赖经验直觉，甚至一味地追求流行，通常没有丰富的数据作为强有力的支撑。不管是之前的英语四级、六级改革，还是最近的高考改革方案，教育决策可操作性与科学性成了教育研究者及社会公众对教育诟病的一个问题。随着教育信息化水平的提升，以及相关投入的加大，充分发挥教育信息化优势，使企业更好地推动教育教学改革，促进学生综合素质发展，优化教育管理，推动教师专业化进步，强化学校与社会沟通交流，已经不仅仅停留在政策理念层面，更应在具体实践中进行贯彻落实，有效发挥数据作用，制定出合理化的教育决策。在大数据背景下，数据驱动决策成了提升教育决策绩效的新思路，也就是说，大数据将会应用于教育决策制定的全过程。这样的数据驱动决策方法是适应信息技术改革发展提出的，具有极强的可行性与可操作性，同时，还有大数据时代进步的必然性。

从可行性的角度上进行分析，如今大数据技术在不断成熟，但数据分析的便捷度大幅提高，分析成本显著降低，和以往相比，更易加速对有关业务的理解深度。过去教育机构只是简单借助教育视频资源下载量、点击率等用户行为数据信息做好教育分析工作，并以此为根据调整视频资源的设置，对教师资源配置进行恰当的调整与安排。而在如今的大数据时代，传统数据研究方式已经不能够满足实际需求，开始有更多的教育机构借助对用户访问路径跟踪的方式，获得与用户行为相关的数据资料，尤其是在很多互联网企业涉足在线教育后，充分凭借其在技术方面的突出优势，综合分析在线教育视频的细分用户数据行为，以此为根据进行教育资源的安排，创新教育产品，创造现代化的教育教学方法，而我们所说的这些过程均是数据驱动决策在教育中的应用表现。

三、加速智慧教育生态体系的构建

（一）智慧教育生态体系的构成要素

在前文的论述中，我们从很多方面对大数据给教育带来的一系列作用和影响进行了阐述，大数据在教育领域中的突出作用除了体现在以上方面外，更关键的是能够促进智慧教育生态体系的构建。智慧教育生态体系是以人的教育活动为中心，基于大数据平台等的应用，结合智慧教育发展模式，构建双向价值转移，能够促进教育自循环与可持续性进步

的多元互动环境系统。该系统包含五个核心要素，分别是多元教育主体、核心教育活动、优良教育环境、健全教育机制与成熟教育产业。这五个核心要素存在着密切的关联，彼此互相作用而又相辅相成。整个的智慧教育实践活动都将教育主体作为核心，围绕其开展成熟智慧教育产业，给教育活动的推进实施提供服务和产品方面的支持，优质智慧教育环境及健全的智慧教育机制能够给教育活动提供制度方面的强有力保障，推动智慧生态体系的建设与运行，最终确保教育资源全面深度整合与共享，促进教育资源多层次与全方位的覆盖，让全民都能够享受到优质的教育资源支持。

具体来说，多元教育主体是指以管理者、教师、学习者、家长和公众为核心的主体对象；核心教育活动是指智慧教学、科研、智慧评价和智慧服务；优良教育环境是指教育政策环境、市场环境和社会氛围；健全教育机制是指管理机制、运营机制、反馈机制等；成熟教育产业是指以丰富多元的教育产品与服务体系为基础的较完整的教育产业链。

（二）智慧教育生态体系的运行机制

随着大数据技术与教育领域的深度整合和大范围的普及推广，大数据会积极促进大平台系统的建设完成，汇聚多种多样的教育数据建立教育大数据平台；建设大服务体系，提供广泛的教育服务；实现大教育的伟大愿景，让不同人群的终身教育需求得到充分满足。大平台系统负责给整个智慧教育生态体系的进步提供基础，借助这个平台，能够整合多元化的教育资源，给优质资源共享与广泛应用提供强有力的支持；大服务体系是智慧教育生态体系发展实施的路径所在，借助多元化教育产品与服务宽广的教育渠道，提供广泛而又便捷的教育服务；大教育的伟大愿景是生态体系发展的根本目标所在，目的在于让人们的终身学习需求得到满足。

大平台系统负责发挥大数据对教育的整合效应，把整个社会不同种类的教育数据资源整合汇聚成一体，让不同主题的教育数据互联互通，借助教育大数据治理，建设智慧教育服务平台，推动教育大数据的有效共享；借助数据开放、共享、交换等多元化的运营机制治理教育大数据。企业及教育机构可把这些数据资料作为重要的根据，为师生及学生家长提供多元化的教育产品与服务。另外，教育管理部门可把这些资源作为制定教育决策的根据，以便形成对智慧教育产业的全面监管，为大服务体系的建立创造良好条件。

大服务体系将大平台系统作为重要根基，把服务五大主体当作核心，紧紧围绕智慧教学、学习、管理、科研、评价、服务六个核心教育活动，提供全面化的教育产品服务，拓展便捷的服务获取路径，供给多元化的服务内容。这些教育产品和服务主要表现为：面向管理人员的教育管理系统，如；学籍、教务等管理系统；面向教师群体的教育资源库及教学、备课、教研等应用系统；面向学生群体的学习资源与多元化学习方式；面向家长的家校互联系统等。这些应用系统会产生大量的数据资源，而这些资源会给大平台供给大量持续更新的教育大数据资料。在很大程度上，从"数据—服务—数据"的转换模式，能够让教育大平台系统和教育大服务体系构建和谐互动的关联，最终实现可持续性发展。

大数据愿景是以大平台系统与大服务体系为基础构建的多层次及全生命周期的智慧教育发展模式，把一切教育资源整合起来，让所有社会成员均能够享受到受教育机会，构建终身教育体系。

另外，构建智慧教育生态体系还与很多因素有关，需要多个方面的知识，如：教育环境、教育体制机制、教育产业布局等。就环境基础而言，在政策环境方面，国内外政府与有关管理者在长时间的教育管理实践中已经在思想认识上进行了转变，也意识到信息技术等对整个教育领域施加的影响及渗透深度都在逐步增加，特别是政府部门越来越接受云计算和大数据等，政府制定激励性政策扶持信息技术在教育领域中的推广应用，所以政策环境从整体上看是非常乐观的。就市场环境而言，从整个世界领域上看，在线教育、网络教育等和智慧教育紧密相关的前景被大家看好，教育行业信息化建设方面的投入程度逐步增加，在线教育市场逐步增大。与此同时，针对差异化服务的主体教育市场细分水平逐步提升；就社会环境而言，公众可以有效借助互联网及智能手机等工具实施碎片化学习，让终身学习和灵活学习成为可能，以社交网络为基础的群体学习活动俨然成为时尚。就智慧教育运行机制而言，数据资源的协同推进机制在建设和发展的过程中获得了很多的新进展，在线教育企业和传统教育企业开始加大合作和沟通力度，使线上线下教育资源持续不断地进行整合；以数据资源管理为核心的教育大数据运营机制正朝着创新改革的方向进步，在未来极有可能形成多元模式、共同发展的新格局；智慧教育、决策与反馈机制等多个方面获得了很多突破性进展，把大数据技术应用到教育决策中，也越来越多地得到了教育管理部门的肯定。就智慧教育产业根基而言，虽然一直到现在，智慧教育都没有构成完整的产业链，但是从教育信息化与互联网教育产业进步的角度上进行分析，智慧教育的产业链已经具备了雏形。整体的产业发展现况，还有着很多问题亟待解决，如：缺乏顶层设计、行业规范不健全等，这些成了影响智慧教育可持续发展和顺利实现教育发展目标的阻力。

（三）大数据在智慧教育生态体系构建中的作用

1.大数据加速"大平台"系统的形成

大数据技术在教育领域的普及应用提升了教育数据的开放性水平。提升教育数据资源开放度，能够全面汇聚多元教育主体手中握有的教育资源，利用沟通共享等方式优化教育改革发展的环境，让整个教育事业向着大平台的方向进步。这里所提及的开放，一方面是以政府、学校、科研机构等为主体的狭义层面的教育数据资源开放，其开放程度的增加能够让教育政策环境得到明显改善，为大数据的深度应用提供政策支持；另一方面是广义层面上的开放，涵盖企业、政府、教育机构乃至社会公众等多方面的主体，是一种全社会领域的教育数据资源共享。

利用这样的开放，能够有效优化教育发展的市场及社会环境。大数据技术在教育领域的普及和深度应用能够促进教育信息共享，缩小地区之间的教育差距。有了大数据这一观念的支撑，全部教育信息在整合应用的过程中，能够建立教育资源的信息化平台，利用互联网将多个资源展开数据整合与合理化配置，可以让优质资源有效流动，构成一个良性循环，让资源渠道得到拓展，让学习资源发挥的作用持续增加，让人能够接受教育信息资源的范围不断扩大，进而建立更高层次且能够实现互通有无的教育资源信息平台。有了这个平台作为有效支撑，广大学习者能够有效借助文字、视频、动画等多元化的呈现形式学习知识和发展技能，广大教师可借助多元化的教育技术工具与设备优化教学管理，让课堂教学更具人性化，充分满足学习者的个性化需求。

第一，开放特性。一方面，以"智慧"为名义的教育平台对用户是完全开放的（用户可以根据需求自行上传、下载平台上的内容）；另一方面，以"智慧"为名义的教育平台对政府、学校、学生家长和其他第三方机构完全开放，运用这种全方位开放模式激发广大参与者自愿自发地获得优质教育资源，主动参与到教育体系建设中，成为教育互动的一分子。

第二，整合特性。这样的整合特性具体体现在大数据对教育的整合及破除效应方面。大数据能够让线上线下的教育数据资源实现整合，进而构建O2O教育产品闭环。这一教育闭环系统的建立，能够极大地促进线上线下资源的共享，维护教育的公平及教育资源的均衡分配；有利于让线上和线下的教育资源实现优势互补与互通有无，使学生的学习效率和质量大幅提升；有利于线上线下教育成果的转化，全面升华学习价值。O2O教育闭环系统把线上与线下资源的优势进行了全方位的整合。将教育领域中的数据实施充分深度整合，突破教育数据区域壁垒，发挥破除效应。尤其是学校教育中，数据变成教学方案改进最明显而又有效的一项指标。一般情况下，这类数据主要指的是考试成绩和入学率、出勤率、辍学率、升学率等。就课堂教学而言，数据应该可以说明教育成效，如：识字准确率、习题正确率、举手答题次数、师生互动频率等。

2.大数据加速"大服务"体系的构建

在有了大数据作为教育事业发展的强有力支撑后，能够让大数据成为推动国家教育体制改革的强大助力，而教育体制改革涉及教育制度、教学资源分配、课程设置、人才培养等多方面的改革。例如，国家部分开放共享和入学、毕业等相关的基础教育数据，借助大数据技术挖掘历史数据信息，以此为根据优化教育决策、教育政策影响，促进教育体制改革质量的提升。

大数据在教育中的应用能够起到改善教育决策的作用，提升教育决策的准确度。在如今的教育事业发展过程中，大数据的概念已经逐步实质性地应用在了教育政策探究和实践环节。将大数据应用到对政策进行科学化设置当中拥有着极大的优势，具体体现为两个方面：第一，大数据时代伴随软硬件升级，具备了分析更多数据可能的条件与手段，不再依赖随机抽样的方式；第二，大数据时代，人们已经不再过度追求精准度。在大数据的支撑下，我们常常不必再针对某个现象追根究底，只须把握大致发展方向即可。特别是在决策方面，宏观意义是大于微观意义的，通过适当忽视微观精确度的方式，能够让宏观方针的洞察力得到提升。

大数据会极大地促进学校人才培育模式的创新。借助学习、考评等系统生成的海量教育数据资料，分析这些数据信息，改革教育环境与模式等多个方面。对学生学习行为轨迹数据精准描绘，如：记录鼠标点击率，能够探究学习者活动轨迹，发现他们在面对不同知识点时的差异化反应及所用的时间，哪些知识内容需重复或特别强调，怎样的陈述方法和工具更科学、有效。记录个体行为的教育数据资料看似是杂乱、没有任何章法的，但是当这些数据累积到了一定程度，群体行为即会在数据方面显现出秩序与规律。在分析这些秩序和规律后，在今后在线学习中，就可以有效弥补没有教师面对面指导的缺陷。大数据与教育领域的融合会促进教学过程中的一系列变革。在具体的教学过程中，加强对大数据的应用与分析，可以更好地对学生的学习习惯、效果、教学改进等展开有针对性的聚类研究。

大数据通过激励社会公众主动参与推动社会创新。广大社会团体及高校联盟等组织，可以借助公共教育资源共享平台对在线学习与全民教育的学习轨迹展开深层次的研究；激励社会创新，有效发现和培育优秀的创新型人才，促进教育数据增值。企业等大量的网络公众媒体负责供给大量开放性的课程资源，扩大流量，实施有效的商业精准营销。

大数据会加快全民终身教育体系的构建步伐。在如今这个大数据时代环境下，大数据接口和学生数据的软件应用得到了大家的关注，服务于终身学习与个性化学习的教育信息系统会进一步地被开发与推广。翻转课堂、社交网络等的研究会让教育朝着实证科学的方向演变。信息为人的发展提供服务，信息无处不在，终身教育会变成社区教育基石，让全民拥有一个开放免费的学习平台。

3.大数据加速"大教育"愿景的形成

智慧教育"大教育"愿景，有以下几个方面的表现：从教育范畴上看，应该涵盖学前教育、小学教育、中学教育、职业教育、高校教育、特殊教育、全民教育等多个方面。就教育时间而言，须涵盖全日制教育、业余教育与终身教育三个方面；就教育机构而言，大教育将会有效突破单一化的教育机构模式，让学校教育、社会教育与家庭教育形成一个统一整体，使教育学科在全部部门开展；就教育方式而言，大数据会运用所有科学有效的教育路径与教学方法，涵盖教学、自学、正规和非正规教育、集中教育培训等多个路径与方法；就教育目的而言，大教育观提倡的是学习和教育不单单是谋生的工具，也不是功利化的手段，其目的在于完善人性，推动个人人格健全，促进个体个性化和全面化发展；就教育体系而言，大教育注重建立家庭、学校、社会"三位一体"的教育网络，教育是学校的主要任务，但同时又是相关家庭和全社会的共同义务。把大数据技术应用到教育领域，能够让大教育观中很多原本无法实现的设想轻松实现，也让我们设想与追求的大教育拥有可实现性。

通过对上面一系列内容进行具体深入的研究，我们获得的一个结论是：随着大数据与教育整合应用程度的加深，大数据的强大影响力及不可忽略的效果将会逐步凸显出来。大数据服务性、智慧性及开放性的特性将会促进大平台系统、大服务体系及大教育愿景的形成和发展，最终构建具备可持续性发展实力的智慧教育生态体系。在这样一个生态化的体系中，能够灵活运用开放、免费、共享等多元化的方法，让多元主体的教育资源应用率大幅提升，从而优化教育的政策、市场与社会环境。

优质环境会为智慧教育的形成发展奠定强有力的根基。与此同时，利用健全教育产品与服务，建设教育产业链，把大数据更加深层次地推入教育领域，运用大数据促进国家层面优化教育决策，促进区域教育均衡持续发展，推动教学过程智能化和教育管理精细化，让教育生态系统最大化地发挥功能价值，让全民享受到更优质的终身学习服务，从根本上推动教育事业的长效发展。

第三节　大数据时代信息化发展推动高校教育管理创新的策略

一、高校教育管理体制需要在信息化条件下进行改革

管理系统包括三个方面的内容：隶属关系的确立、组织结构的建立和管理权限的划分。高校教育管理系统是指对高校教育管理的组织结构和权力归属进行划分，划分的时候既要注重培养目标的特殊性，又要体现教学水平，更要遵循教育教学规律。这隶属于大学的管理体制。传统的大学教育管理结构是金字塔形结构，是由官僚式组织结构形成垂直的自上而下的模式，强调管理结构位于上层组织结构上的责任和权威，教育机构是这个方面的代表。

时代的发展要求改变传统的教育管理体制，加大体制创新力度。在当今信息时代，学校的环境变得更复杂、更多样，这要求学校的管理方式既要多样化，也要兼顾个性化。传统的教育管理体制不灵活，无法有效适应内外部环境的多元化变化。新技术环境冲破了原有教育结构的刚性布局，信息传达形成了灵活多变的结构和扁平化的信息传递渠道。因

此，对传统校园教育管理体制进行改革是有必要的。在改革过程中，信息技术提供了强有力的支持，为教育管理体制改革注入了新的活力，在学校管理组织体系中应用广泛。广大师生都是网络信息技术的拥有者，他们具备参与改革的知识和能力，是教育管理体制改革的领导者。同时，信息社会的到来，让教育管理者开始面临极大的挑战，也提高了对他们综合素养水平的要求，需要他们与时俱进，不断适应新时代，抓住机遇，迎接挑战。

二、利用信息化手段改革教学计划的管理方式

要深化教学改革，第一步要做的是改革教学计划。只有好的教学计划才能保证好的教学质量。制订好教学计划，是建立教学体系、安排教学任务、组织教学过程的基础。教学计划一般是在国家相应教育部门的指导下，考虑全局效益，由教育学家或相关人员独立制订的。教学计划都符合教学规律，一段时间内稳定不变，但从长远来看，也要不断地及时调整和修正，适应社会的新发展及经济和科学技术的进步。

教育管理者还要改变传统的教学观念，及时修正和调整教学计划。

信息化时代要求我们紧跟时代潮流，准确预测社会对人才要求的改变，培养符合国家要求的人才。要达到这一目标，我们应该加强对信息技术手段的合理化应用，科学设计教育规划，并对其实时监控和及时反馈，制定出教学方案的评价标准，使高校毕业生尽量满足社会的要求。

三、大数据环境下高校教学计划的制订

第一，教学计划应该满足以下两点要求：①客观性。要尽量按社会主义市场经济的要求，设计多种人才培养模式，也要尽可能多地考虑到未来环境的变化，设计多种智能结构。②灵活性。学生要找到适合自己发展潜力的模式，学校要尽可能提供不同种类的模式。具体方法可以参考以下建议：学分制方面，可以采用完全学分制。在信息技术大范围推广应用的进程中，远程高等教育得到了长足发展，任何科目、任何内容，学生都可以借助网络进行学习，不限于时间和空间。安排教学时，需要充分合理地应用好信息技术，让学生拥有一个充分选择的空间，也要针对不同学生的不同特点设计符合其个性的教学过程。应该将学生培养成这样的人才：整体素质高，基础扎实，专业能力也不差，注重知识的全面发展，能借助网络开阔眼界，丰富知识面，拥有终身学习与可持续发展的能力。但必须承认，对大学生的各种类型的要求不可能有一个统一的标准，我们要鼓励自由发展。

第二，制订教学计划的一般程序。对人才培养目标和业务类示范专业分析；了解有关文件精神和规定的注册研究；提出的意见和部门的学校教学计划的要求；主持制定教学纲领，系（院）教学委员会进行审议，由学校教学工作委员会复审核查，核查签字后由执行校长签字确认。

第三，大学教学计划的内容主要包括以下两个方面：确立合理的专业培养目标，设置合适的课程。因为专业培养目标的质量标准、课程的设置与人才的发展息息相关，本书主要研究培养目标的确立与课程的设置。在专业设置和专业培训目标的确立上，主要应用了调查的方法。调查的基本步骤包括：①凭借履历或理论分析提出若干备用的选项；②发放调查问卷，让被调查者在备用的选项中选择自己的意见或建议；③对调查结果进行统计分析，按照被选择次数的多少对各个选项进行由多到少排队；④制定一定的规则，看看哪个选项占的比重较大。在整个过程中，要充分利用信息技术，借助网络收集信息，收集完后可以借助计算机对调查信息进行统计分析，得出结果。同时，还应注意以下五个方面：一是要进行可靠的预测，对毕业生的就业情况有一定的把握，毕业生只有满足社会的要求，高校才能有较高的就业率；二是引入更多的优秀教师，完备实验仪器和必要的书籍，生活设施也应该尽量完善；三是要有尽可能宽的口径，形成宽口径专业教育模式，目前的情况是教学信息越来越不难获取，学习知识也变得更加容易，但是要进行知识的重组和创新变得比较困难，所以我们要重点训练学生的综合素质；四是要有学校自身的特点，学科建设要结合学校的地域优势和传统优势学科；五是考虑到专业的冷热门问题并及时调整，满足需求。

信息时代下，高校要实施教育教学管理首先应相对稳定和严格地执行教学计划，为此可以制定以下两条准则：一是将教学计划分为学期教学计划和年度教学计划，制定工作表，安排好每个学期的教学任务、教学教室等；二是由相关部门制订教学组织计划，如：社会实践计划、实习计划、实验教学计划、培训计划等。不仅要有适当的政策和环境及教学基础设施，还要有教育管理和教师、学生相配合，这分别是教学计划顺利实施的内外部条件。在这个过程中要把握五个方面：一是要切实维护教学计划的严肃性和权威性，严格遵守教学计划，可以适当调整；二是在具体的实施过程中，严格选择计划材料，遵照教学大纲的要求；三是加强教师群体的力量，确保教学第一线与教学计划一致；四是制订教学质量评价方案并严格监测执行，可以借助信息技术建立自动的监测和反馈系统；五是教学组织与管理要严格按照教学计划进行。

四、大数据环境下对教育管理人员的素质要求

知识密集、高新技术、人才聚集、思维活跃、信息渠道十分畅通，这些都是高校的特点。随着信息技术的快速发展，所有的教育管理人员的素养也有待提高。

各教育管理人员应该做到以下四点：

第一，树立强烈的服务意识。管理的本质就是服务。教育管理人员不能把自己作为掌握权力的管理者，而应该作为一个服务者，服务学生、服务教师、服务教学，进而服务于崇高的教育事业。

第二，掌握教育理论和专业知识。作为教育管理者，教育的科学及其规律是基础，一些专业的知识必须掌握，如：教育学、教育心理学、管理学和大学教育学等，如此才能让科学教育和教育管理得以实现。高校的管理人员既要具备充足的理论知识，也要掌握高等教育改革的理论。除此之外，还必须具备相关的专业知识。进行教育管理工作，是对学校现在的一切资源实现有效而科学的管理，所以必须学习相关专业知识，包括现代计算机方面有关管理的方法和档案的知识等，才能应对教育管理工作操作的复杂性。

第三，掌握现代信息技术，具有良好的信息素养。随着现代信息技术的飞快发展，我们必须掌握不断更新的技术，这样才能使管理效率不断提高。教育管理人员不仅要拥有极好的信息素养，还要很好地使用现代的信息技术。例如，教育管理人员在教育管理中会用信息检索知识并从网络取得需要的信息；会使用教育管理软件；掌握一定的英语知识，这样才能顺应网络技术与教育国际化的发展；要提高教学信息化管理的敏感性，了解人们具备的信息并清楚其需要的信息，如此才能使教学的质量提升，从而提升管理的效率。

第四，具备较强的管理能力。首先，组织决策能力要比较强。当今社会，教育体制改革在不断加强，只有教育管理者具有较强的组织决策能力，才能制订教学计划，制定切实可行的政策措施，对整个教学过程进行加工，并结合学校自身的优势做出科学合理的决策。其次，教育科研能力要强。查找资料，深入研究，准确把握国内外各大高校，特别是精英院校的教学情况及世界教育改革的趋势；要处于教育管理、教学第一线，或参与课堂教学，经常了解教学情况，对高校教学进行调查和研究，掌握整个学校的发展趋势，做好教育管理。同时，"教育管理是一门科学"，实施教育管理和教学研究，是教育管理的共同任务。为了正确地管理，提高教育管理的质量和效率，研究者和教师有必要研究教育管理的特点和规律。最后，要勇于创新，敢于开放，培养良好的集体合作能力。教育管理应该与时俱进，而不是一成不变的。对当前高校的教育管理者来说，创新创造能力是他们最缺乏的。

五、与大数据紧密结合

（一）完善教育管理制度

教育管理系统是根据国家教育法律、法规等，由上级领导部门决策并制定条例与规则，作为教育的一个重要手段，维护正常的教学秩序，是一个国家的教育政策和制度的组成部分。

高校的教育管理制度主要有四个部分：关于教育材料的管理，如；教学的计划、课程安排和总结等；关于学校学业进程的管理，如；考试、教课进度、资料档案管理和课程的调换等；教师和教育管理人员的责任和奖惩制度；关于学生的管理。

为了提高教学质量，不仅要有教育管理制度，还应立足于各校实际，再设立新的制度：第一是应对教学工作多开会讨论，会议制度要详细确立，按期举办研讨会并进行会议的指导，使教学可以制度化；第二是要对管理加以制度化和规范化；第三是合理安排考试，重视管理考试程序并制度化；第四是建立和完善毕业生就业质量评价体系，不仅要分析评价结业论文，还要有后续的了解，对毕业生多加关注；第五是应找专门人员对教学管理进行合理监督；第六是关于研究革新教学工程体系；第七是职业教育的评价也要标准化；第八是教学成果情况的结果，如：英语四、六级和全国计算机考试的合格情况、职称结构和教师资格等。

（二）校园网推动教育管理的作用要发挥好

环境是基础，教育管理的基础就是校园网络平台的建设。如今的教学离不开这个信息平台，一是要特别注重校园网络的作用，尤其多考虑整体的发展，合理进行计划。二是统筹设计，充分考虑并实行网络的开拓、软件开发和校园网建设。在施工中必须非常理性，做好网络接口，分阶段建设，使效益最大化。三是软硬件要结合起来共同建设，由于设计软件耗时长，在进行网络改进时耗费时间会更多。教育管理的信息系统是由多方面组成的，可以独自设计，也可以买来现有的加以使用，要尤为关注的是软件的合适及可以共用。四是专门应用，三点技术，七大管理，如此才能取得最好的效果。学校应该安排认真负责、技术过硬的老师担当校园网管理的重任，有效助推网络的多方面应用。五是加强深造培训。校园网影响全校教育管理人员、教师和学生的校园网络生活。学校应重视对教师实施优化管理及专业化的教育培训，合理制订有效规划，使学生和管理人员能够充分应用校园网满足各自差异化的需求，产生对校园网的认同感，而不是对其出现抵触心理。六是加强使用。最终的目的是创造效益，只有加强对校园网的应用程度，加大对校园网的完善力度才能真正发挥和增强其价值。

（三）教学要有足够的投入

如果没有丰富的物质资源作为根本支持，就无法保证价值的发挥，正所谓"巧妇难为无米之炊"。学校经费是教学运行的基础，好的高校一定是有充足资源的。现在，我国高校教育管理存在严重问题。首先，在教学中经费不足。我国高校经费一般由政府进行投入。然而，由于财政收入不足，投资是非常有限的，因此资金很紧缺。其次，人才投入缺乏领导力。由于各种原因，校领导对教学条件和教师不够深入了解，造成了教学品质降低，教师与教育管理人才投入不足。最后，一些学生不够勤奋，不能在学业上投入充沛的精力。事实上，高校对人才的培养，不仅要求硬件资源，还要求软实力的投入，只有两个方面兼具，才能实现高效率的管理。如今，有一些途径可以用来改进教学：第一，不单单依靠政府投入建立各种投资系统，从不同主体入手，寻找不同方法；第二，合理划分经费投入，校园管理层认为教学是重点，导致了费用的不合理分配；第三，待遇从优，使教师没有后顾之忧，专心致力于教学，改变教师短缺的现象；第四，加强学生管理，增强学生学习的动力和压力。

第四章　信息化时代高校教育管理模式的发展趋势及管理模式创新

信息时代下高校教育管理信息化的创新发展需要各个行政部门提供有效的数据予以支撑。信息时代下，高校教育管理信息化对于学校教育管理人员的综合素质提出了更高的要求。信息时代下，高校教育管理人员需要具有丰富的管理知识以及高水平的信息技术应用能力才能创新教育管理的方法，更好地将现代信息技术应用于教育管理工作中，从而提高高校教育管理水平。高校的管理者以及教学人员都需要强化信息时代应用的思想意识。信息时代下，云计算、大数据等现代信息技术的应用对人们的工作与生活带来了极大的便利，而这些先进的信息技术应用于教学工作中也极大地提高了教学效率。因此将先进的信息时代技术应用于教育管理工作中，也能够推动高校教育管理信息化的发展，所以无论是高校的管理者还是教师，都应该结合实际情况充分地应用信息时代等技术完善教育管理信息系统，去配合教育管理工作。所以高校各个部门的管理者应该加强对信息技术的学习，加强交流，充分认识到现代信息技术对于高校教育管理信息化发展的积极作用。

第一节　信息化时代高校教育管理模式的发展趋势及重要性

一、信息化时代高校教育管理模式的发展趋势

（一）重视互联网媒介素养教育

1.加强大学生网络媒介素养教育的必要性

虽然部分教育界及学界人士已经意识到网络媒介素养教育的意义和价值，但总体而言，我国的网络媒介素养教育依然处于初级阶段，具体表现为以下三个方面：

（1）缺乏公共政策的制度保障

大学生网络媒介素养教育作为一项亟待开展的系统工程，需要政府部门牵头制定相关公共政策，对该项工作的技术支持、经费保障、协调推广、具体职责等进行顶层设计和统一规划协调，建立覆盖课堂教育、社会教育、家庭教育的全方位、立体化的教育体系。

（2）缺乏课程体系的建设和规划

目前，国内大部分高校未将大学生网络素养教育课程纳入教学大纲中，未明确要求学生掌握媒介素养基本知识和能力，未开设与媒体传播运作、媒介内容赏析批判、传媒法规与伦理等方面的课程。事实上，将媒介素养教育纳入高校课程体系建设，要求学生通过修习指定课程掌握有效获取媒介讯息、了解媒体运作功能、批判选择媒体传播内容、制作传播媒体作品等，是提高大学生媒介素养和综合素质的重要途径。

（3）缺乏科学调研和系统研究

目前，国内对于媒介素养教育的研究主要集中在介绍西方媒介素养教育开展情况、媒介素养基本内涵及认知、媒介素养教育的重要性等方面，缺乏对国内大学生开展网络媒介素养教育的科学调研和系统研究，缺乏符合我国国情和大学生特征的教材和教育宣传片等。

在"参与式"文化下，结合我国国情和高等教育发展现状，加强大学生网络媒介素养教育培养，可以从顶层设计、课程配套、队伍建设、课程设计、实践结合五个环节入手，构建具有现实针对性和可行性的网络媒介素养教育体系。

2.互联网时代我国大学生媒介素养教育存在的问题

新媒体语境下大学生媒介素养存在着诸多问题，主要原因就在于我国媒介素养教育的长期缺失。要想除此积弊，不仅需要加强完善对新媒体的监督管理体系，更重要的是调动社会、学校、媒体与家庭四个方面的联动作用，构建"四位一体"的媒介素养教育体系。

（1）高校媒介素养教育的缺失

高校的教育是大学生提高媒介素养最直接有效的途径，但目前我国大陆地区高校普遍不重视大学生的媒介素养教育，教学实践基本处于空白。尽管我国对媒介素养教育的研究已有多年历史，但仍然停留在理论阶段，没能从我国媒介生态的大环境中对媒介素养教育实践提出有益的建议。

在实践中，只有少数大学生能通过有限的校园媒体资源去参与、体验媒介的运作，同时过程中缺乏专业老师的指导和培训，基本处于自发状态。在理论上，除了传媒相关专业学生外，学校很少面向其他专业学生开展关于媒介素养教育的相关课程或讲座。

（2）新媒体中"把关人"作用的缺位

教育并非一定来自课堂，大学生对媒体的接触、实践也是一种间接受教育的方式。新媒体所提供的价值取向，无论是对信息价值的判断或对事件思考方式的提供，都会潜移默化地影响大学生对于客观世界的认知判断，甚至为他们形成价值观提供参照。在新媒体环境下，传者、受众的界限模糊，"人人都有麦克风"、人人都是"把关人"，但是专业素养的缺乏使得信息的真实性和质量难以保证。值得注意的是，在新媒体中是否进行把关，更多的不是能力问题，而是态度与观念问题。为了获得眼球经济，争取更多的受众，网络

媒体的信息筛选加工往往只看市场标准，使得许多虚假、媚俗的信息充斥其中。新媒体公信力的降低和"把关人"的实际缺位，给大学生带来了负面影响，还会使他们形成重物质享乐、轻责任理想的风气。

3.针对新媒体环境下我国大学生媒介素养存在问题的解决措施

为了提升我国大学生的媒介素养，针对新媒体环境下大学生媒介素养存在的问题，汲取外国先进的媒介素养教育成功经验，我们可以尝试从以下几个方面着手。

（1）学校方面

①开设媒介素养教育课程，建设高素质媒介素养教育队伍。

②营造媒介教育氛围，进行媒介素养宣传。媒介素养要进入校园，融入大学生的生活中，这需要一个大家认识和认可的过程。

③充分利用大学校园资源，增加媒介认知。

（2）媒介方面

①媒体和大学校园合作，为大学生提供实践平台。媒介素养教育与媒介实践是双向互动的，大众媒介应与大学校园"联姻"，为大学生提供更多的实践机会。

②媒体发挥"把关人"的作用，提高自身的公信力。媒体在信息生产和信息传播方面应扮演好"把关人"的角色，各式各样的传媒文化给大学生的价值取向会带去强烈的冲击，在很大程度上影响着他们的人生观和价值观。

（二）构建专门的网络平台

1.高校网络平台构建的有利条件

（1）时代发展的需要

在互联网迅速发展的时代背景下，网络已经与人们的生活息息相关，其用户群数量大、覆盖年龄范围广，影响力正随着时间的推移逐渐凸显，它以其特有的平台特性默默地影响着人们的价值观念和思维方式，以其资源丰富的特点改变了人们的学习方式，以其高效便利的特点改变了人们的交往方式。高校应在学生的教育与管理中融入更加多样、更加吸引人的方式，使教育、管理、服务"三育人"的功用在网络平台中得到淋漓尽致的发挥。在高校新校区的文化建设及信息化建设方面，可依托社会上已形成的较成熟的网络平台，这些平台经过测试和使用更具有适应性，减低了因网络平台硬件问题带来的发展困扰。

（2）发展前景好

校园网络平台因其网络特性，具有活、全、新、快的众多特点和优势，同时有利于用户的使用和参与。校园网络平台既是传播校园主流文化的新阵地，也是高校文化内涵、办学精神、优势特色的最佳展示窗口。虽然高校由于发展时间相对较短，在网络平台的构建上较为滞后，但是这反而减少了改革及发展的阻碍，不会因为固化的思维方式限制了前进的脚步，降低了改革引起的阵痛。因而，在发展网络平台、积淀校园文化的道路上能走出全新模式。

2.高校网络平台的构建途径

（1）打造特色网络品牌

校园网络平台关键性的动态指标在于内容、准确度和更新速度等方面。目前的高校学生大多是随着网络一起成长起来的，如果想利用网络吸引他们的视线，就需要具有特别的形式、丰富的内容、急速的更新。因此，高校校园网络平台应该改变原有的形式呆板、内容简单、功能单一、更新迟滞等不足，更好地解决吸引力不足、利用率低等问题。应完善校园网络平台的功能，提高用户的参与度，加快、加深与校园文化的融合，更好地促进高校的发展。针对上述情况，高校新校区在打造特色网络品牌时应更好地利用社会上已较成熟的、影响力较大的媒介。

（2）优化校园门户网站

校园门户网站是每所高校在网络中展示的绝佳平台，也是发布相关信息的固定渠道。在门户网站上可以尝试开辟校园特色专栏，以本校学科特色为核心，围绕主体用户——学生，将思想政治教育、专业知识、科学技术、就业引导、特色文化等模块组合。设计优良、布局合理、内容新颖的校园网站不仅能提高社会关注度，而且能吸引更多的学生关注，积累荣誉感和归属感。打造校园官方微博，官方微博是网络发声的新媒介，高校、企业、政府等纷纷开通了官方微博，在扩大宣传面的同时，能更加快捷地发布信息，发起交流互动。学生手持手机刷微博已成为一种时尚，而利用微博的特性，校园官方微博将学生的注意力凝聚起来，通过发布社会热点问题与话题、普及与学生学习生活的相关知识和信息、组织学生参与活动及话题互动等，利用微博消息发布及时、传播面广等特性，能更好地配合其他校园文化建设活动的开展。

（3）建设其他网络平台

当前，其他网络平台如贴吧、微信等也成了大学生的交流平台。随着移动终端技术的提升，更多网络用户使用手机或平板电脑等终端设备参与网络互动。如今大学生使用手机刷微信、逛贴吧、进论坛、写说说、更新空间已经是普遍现象，这类网络平台已经成为学生闲暇时光抒发个人情感、相互交流的一类重要平台。高校应当重视这类公开网络平台的开发和应用，利用此类平台用户群庞大的优势，推出有特色的高校平台，辅助开展大学生的伦理道德教育引导，促进校园多元文化的良性发展。当然，高校应利用和管控好这类平台，通过这类平台可发起话题、交流讨论、活动宣传等，促进校园文化建设。

（4）充分挖掘潜在人力资源

网络之所以迅速发展，得益于其前所未有的更新速度及良好的参与性、互动性，相较于纸质媒介，电子媒介越来越多地融入人们的交往中。构建校园网络平台，不仅需要一定的物质投入，而且需要开发校园内所特有的、庞大的潜在资源——人，动员好、开发好潜在的人力资源，既是发挥好人的主体性作用，又是人本主义理论应用于学校教育中的合理化体现。在高校新校区成立时间相对较短的背景下，充分动员专业教师、辅导员群体，集思广益创新内容、提高技术，积极参与校园内各项文体活动，转载、转帖；充分动员学生干部、学生党员等其他学生群体，因为他们既是校园网络平台的受益者，也是参与者。通过利用现有群体，挖掘潜在资源，可以使教育者和受教育者都参与到网络平台的宣传、构建中。

（5）建立健全管理体制

大学生在社会网络中是最活跃的群体，也是网络互动参与量最大的成员。因而，高校新校区的各部门及院系应提高对网络平台重要性和必要性的认识，加大投入，尽快开发校园网络平台；高校应针对如何引导网络评论、控制网络舆情、监管网络动态、处理网络突发情况等建立专门的技术团队，维护好、管理好、利用好网络平台。在现有的校园管理制度的基础上，要规范和创新校园网络平台管理机制，通过统一的管理规章制度明确管理者、参与者的义务与责任，规范管理，教育引导学生形成健康积极的网络道德，使校园网络平台的使用秩序井然；建立校园网络平台的各级管理体系，使网络信息的监控、收集、分析、干预等反应机制更为完善，保护校园网络平台的正常运转。

（6）营造校园网络文化，共筑品牌校园文化

高校校园文化因网络的介入而更加丰富、鲜活，同时对高校思想政治及德育工作也提出了新的挑战。打造内容丰富、功能完善、具有开放性的校园网络平台可以引导学生健康上网，传播校园主流文化，展现高校的品牌特色。构建好校园网络平台，营造健康和谐的校园网络文化，共筑品牌校园文化，不仅是对网络所带来的挑战的有力应对，更能为全校师生提供更加有活力的成长空间。

（三）教育、管理、服务一体化发展

随着高等教育改革不断深化，高校办学规模越来越大，高校教学和学生管理工作面临诸多新挑战。这就要求教学与学生管理工作须应对新形势发展，实施全员联动机制，积极探索教学与学生管理一体化机制。

实施教学管理与学生管理一体化的基础与优势：

1.在高等教育大发展的形势下，各类高校间在人才、科研、资源等方面的竞争异常激烈

从传统的高校竞争方向与排序来看，作为第一方阵的高水平大学为争创世界一流在努力拼搏；作为教学研究型的第二方阵的地方高校为进入国内高水平一流大学的竞争更是空前激烈；其他大学也是加劲发展，提高自己的水平和增强实力，竞争同样激烈。高校即

使继续更加努力，差距也很难很快缩短，尤其是沿袭别人的老路，以原有的思维模式、价值尺度和质量标准去发展，更不可能有所作为。因此，高校不能采用单一路径奋起直追，而要用更加开阔的视野、更有效的办法，集中更多样的资源，走多样化、跨越式发展的道路，才能既夯实基础、扎扎实实做好基本功，又能大胆、前卫改革，建立起新的视域、新的路径，充分运用好灵活激励的机制，发掘组织内部多样化的资源，走超常规发展之路，开启高水平大学的卓越进程。

2.高校办学的基本观念、基本价值、基本图景是不断改革创新的思想引领

比如，现代大学制度的"轴性理论""优势互补理论""职业化全位理论"等为我们构建教学与学生管理一体化提供了思想指导。其中，"优势互补理论"是在坚持公办大学机制的稳定性和民办大学机制的灵活激励性相结合的基础上，对社会主义民办大学办学机制的探索，而"职业化全位理论"是现代大学不可或缺的管理模式思想。

3.践行教学管理与学生管理一体化的初步思路

调整机构设置，优化人员配置，完善分工协调。一是撤销学生处，将学生处的部分管理职能划归教务处，教务处设置教学运行管理、学生管理、教学基本建设管理和实验实践教学管理四个处；二是继续强化二级学院管理职能的重心下移，分管教学的学院领导要协调学生工作，使教学与学生工作有效融合，加强、完善和优化学院办公室职能和人员配置，学院办公室统一负责教学、科研、学工、党务、行政人事工作的日常管理，从而为教学管理和学生管理一体化提供组织保证。

4.完善和创新一体化管理制度

在现有的教学管理和学生管理各项制度的基础上，根据一体化管理目标要求优化学校学工部、学生社区、校团委与各学院协调功能，优化各学院教学与学生管理职能，探索建立一个运行有效的教学和学生管理一体化管理模式、管理制度，使学生教育管理"到边到底到位"。比如，可以试行教学与学生管理联席工作例会制度、任课教师和辅导员交流协作制度、教风与学风建设联动制度等，并计划由教务处牵头，校团委、学生学业信息咨询中心、各学院共同参与，完成教学与学生管理一体化的基本制度框架建设，从而为一体化管理提供制度保障。

5.加强教学与学生管理一体化的信息建设

建设统一的教学管理和学生管理信息系统，可以实现信息的集中管理、分散操作、信息共享，使传统的管理向数字化、无纸化、多元化的方向发展。为此，高校要进一步完善教学管理和学生管理信息系统的建设，以实现教学与学生信息资源共享及信息互动，促进管理的规范化，增强学校和学院两级教学与学生一体化管理协作，使其更好地为学校的育人功能服务。当然，教学与学生管理信息系统涉及面广、功能性强，它的应用在为学校教学与学生一体化管理工作带来高效、便捷的同时，将对今后的教学与学生一体化管理工作

提出全方位的、更高的要求。

6.强化"全员育人"工作机制

学生培养涉及教与学两个方面，必须实现二者的结合才能达到培养人的目的。高校要积极探索建立一个全员联动一体化、跨边界、无缝隙、管理重心前移于教学班的"全员育人"工作体系，实行多层面、多角度、全方位育人管理模式，即广泛调动、充分利用各层面管理育人的积极作用，包括班委成员、辅导员、学生家长、专业任课教师、校领导等，全力培养德、智、体、美、劳全面发展的合格人才。

一体化管理模式不是简单地合二为一，而是一种相互统一和相互促进的管理运行机制。因此，我们要紧紧围绕教学管理和学生管理的连接点——"育人"，以教学为中心，激发教师教学的育人功能，促进专业教学和学生管理相互融合，从而逐步建立一个有特色、有效的教学管理和学生管理一体化的管理模式和运行机制。

二、互联网信息时代高校教育管理模式创新的重要性

（一）互联网信息时代高校教育管理模式的创新是构建和谐校园的迫切需要

1.网络文化与和谐校园

网络越来越成为我们生活的一部分，网络文化已经成为一种流行文化。网络媒介因而具有了丰富的文化内涵。"文化"这一概念拥有多种定义，其中有文化是一种特殊的生活方式的描述。这种描述的范围不仅包括艺术、思想等经典范畴，还包括一些日常生活行为中的某些意义和价值。既然文化是一种生活方式，网络文化也就是互联网所形成的一种生活方式。由于这种生活方式以网络互联为基础，以获取信息为目的，因此，网络文化一般也可以定义为：网络文化是一种不分国界、不分地区，建立在"互联网＋"基础上的信息文化。

对和谐社会的倡导与研究，已有大批深入的、权威的文献。知识经济时代教育不仅是推动社会经济发展的重要动力，还是促进和谐社会建设的重要力量。和谐校园，主要是指以内外沟通良好、各种关系顺畅，和而不同、协调发展为核心的一种教育理念。实现这一理念，必须关注学生的和谐发展。和谐的校园文化既是构建和谐校园的基本目标与内涵，又是构建和谐校园的基本途径与模式。和谐校园的本质属性是文化和谐。建设和谐的校园文化，不能无视网络文化的影响。

2.网络文化对构建和谐校园的正面效应

人们之所以心甘情愿地被网络化，自有其充分的理由和必要的原因。这些理由和原因，应该有相当一部分是积极的、合理的，或者说是符合人们对真善美的需求的。

（1）网络能够满足学生多方面的需求

构建和谐校园，要研究学生，学生是和谐校园建设的主体；谈网络文化对构建和谐校园的影响，也要研究学生，研究网络对学生自身和谐发展的效应。在我们的问卷调查中，很多同学反映，网络让他们的生活变得多姿多彩，缓解了自身压力，但也承认可能增加学生管理的难度。与社会群体相比较，在校学生可能更相信科技的力量，更愿意追逐时尚和新潮，更增多广泛交往的意愿，更需要获取知识信息。而这几点，网络都能满足学生的期望和要求。计算机和网络是高科技、时尚新潮的代名词。学生作为网络主体会不断从技术和技巧两个方面强化自身的网络素养，如：不断使用新的软件加快链接速度和提高搜索效率、不断提高打字速度等。网络的应用五花八门，而其最大的用途和优势是能够共享信息和快速传递信息。这正符合学生更多、更快地获取信息、交流沟通的需要。

（2）网络可以成为学生的信息库和资料库

网络能够处理大量的、内容丰富的信息资源。这些信息分门别类地存放在页面上，浏览者可以根据自己的兴趣和需要使用超级链接选择阅读。网络最大的优点在于它拥有无比丰富的信息，就像一本百科全书，学生在阅读纸质文献的同时可以将网络作为自己的资料库和信息库。电子文献具有查阅迅捷方便的优势，但既要警惕其真假莫辨的庞杂和错误，也要警惕由于过分依赖网络而产生的惰性。

（3）网络使教学手段和教学方法的革新成为可能

各种网上学校已大为发展，大量的课程学习可以借助网络来实现，有限的教育资源得到了更合理、更高效的使用，更多的人得以享有更多、更好的教育；终身学习变得不再困难；学生的学习兴趣和效率有可能得到提高；科研人员的联系大大加强，获取相关信息更加便捷，科研中的重复和无用劳动因而减少。多媒体教学和网络教学平台的开通，在许多学校已不是新鲜事。师生之间可以通过校园网进行交流，网上选课、网上答疑、网上评教、校园贴吧、电子图书等都是网络开辟的新天地。

（二）互联网信息时代高校教育管理模式的创新有助于因材施教地推行

与教育史的源远流长相比，互联网的历史是短暂的。人类教育的历史几乎与人类的五千年文明史相当，互联网的历史却只有短短几十年，它的出现、普及、应用都与教育密切相关。近年来，网络教育业逐渐升温，投资并购不断，百度、阿里巴巴、腾讯纷纷涉足，都把网络教育视为巨大商机。

从发展机遇来说，第一，互联网技术为提高人才培养质量创造了条件。以"慕课""翻转课堂""微课程"等为代表的基于互联网的教学模式，突破了学习者的学习时间和空间的局限性，有利于学习者共享课程资源，进行个性化的线上学习。同时，互联网技术为探索线上教学和线下教育相融合、促进学生的自主学习和合作学习、改革传统的教学方式和手段创造了条件。第二，互联网技术为拓展优质教育资源开拓了新路径。利用互联网技术多元而便捷地获取教学资源的特点，可以把有限的投入集中到优质线上课程的建设上，并通过建立共享机制进行优质教学资源的均衡配置以效率促公平，促进优质教育均衡发展，推进学习型社会建设。第三，在线课程联盟的构建为提升教育国际化水平搭建了新平台。以Coursera、EdX等为代表的在线课程联盟的发展，加速了国际化课程、教材和课件的跨国流动与共享，也必然伴随着先进教学理念、现代教学方式和教学管理模式的跨国传播与融合，从而为优质教学资源共享与国际拓展、变革教育教学方式、改善学校国际形象搭建了新平台，为促进互联网教学的发展和人才培养质量提升，高等学校要主动应对互联网教学带来的挑战。

1.更新传统的教育教学观念

要突破"千校一面""万人一面"的培养模式的禁锢，建立富有时代内涵的人才观、多样化的质量观和现代的教学观；遵循教育教学规律和人才成长规律，践行"因材施教"的教育理念，探索多样化和个性化培养。

2.改革传统的教学方式

利用"慕课""微课程"等线上课程资源，可以实现学习过程的"翻转"：将学生接受知识的环节从课堂讲授转移到课前线上自学；而在课堂上则通过教师组织引导、师生互动和生生合作，将学生课前个性化学习到的知识融会贯通，实现知识内化的部分功能。要改革传统的课堂教学模式，引导学生自主学习、合作学习、探究式学习；探索线上线下教学相结合，共享优质教学资源，彰显教学水平和特色，改善学习效果和效率。

3.促进教师的职业生涯发展

学习过程的翻转，导致了教师角色从知识的传授者转变为学生的学习伙伴。因此，要优化教学评价标准，加强教师培训，提高教师运用现代信息技术的能力，激励教师研发网上课程，参与线上教学。同时，鼓励学生参与线上自主学习。

4.创新教学管理体制

加强系统研究和顶层设计，创新教学管理体制和学生管理机制，调整教学组织形式乃至教室布局；完善教学质量监控和保证体系，重视学生学习效果跟踪和评价机制的建设，强化评价结果反馈和改进机制。

第二节　信息化时代高校教育管理模式创新

一、融入开放性的思想

我国现阶段的高等教育已经从原来的精英教育迅速转化为大众化教育，受教育者的求学情况、知识基础与以往相比发生了很大的改变。政治辅导员和班主任要指导学生正确地面对竞争、面对择业、面对压力，引导学生规划人生，培养学生有宽广的胸怀和健全的人格，努力把德育渗透到学生成才、就业的全过程，要主动管理育人，提高工作效率和工作水平，创造更好的育人环境和氛围。

（一）建立优秀的管理团队和制度

如何适应时代的要求，培养社会需要的人才，是学生管理工作者的永恒话题，同时对学生管理领导干部提出了更高的要求，必须加强队伍建设。

学校高层领导应加强对学生管理工作的重要性的认识，挑选一批思想素质高、工作能力强、具有一定学生管理工作经验的工作人员担任学校学生管理领导工作，经常性地组织并开展对各分校、教学点学生管理领导干部的专业培训，邀请较高水平的专家讲座，全面提升学生管理干部的素质。通过各种方式组织开展校与校之间学生管理工作的交流，请学生管理工作突出的管理人士讲解、传授管理经验，并通过讨论交流，达到共同提高、共同进步的目标。以校本部为载体开辟全校性学生管理工作专项窗口，广泛讨论发表管理体会，创建全校性学生管理专刊，组织系统内投稿，把学生管理工作真正落到实处。

学校应建立导学教师引进、培训、考核、交流的整套制度。完善引进程序，严把入口关，力争把有能力、责任心强的导学教师引进来。建立严格的导学教师培训、考核制度。导学教师应对以现代计算机网络为主的多媒体现代远程教育技术有较深的掌握，能熟练运用计算机网络等媒体技术获取教学资源，并能配合辅导教师进行教学资源的整合，组织和指导学员开展网上答疑、双向视频等网上教学活动，利用QQ群、微信、E-mail等与学员进行日常沟通。完善导学教师的流动计划，打破以往导学教师队伍建设的封闭体系，激活用人机制，拓宽导学教师出口，加强导学教师的交流和提拔，解决导学教师的后顾之忧。

（二）注重培养优秀的学生干部

好的学生干部不仅自己会给其他同学做出榜样，也会分担导学教师的工作重担，而且在这个过程中还锻炼了个人的工作能力，又运用在自己的工作实践中。导学教师在选择班干部的过程中要一视同仁，不能因为个别小问题而否定他们的优点，而应广泛听取同学和任课老师的意见，综合学生的平时表现民主或择优选拔。选出优秀的学生干部，要充分信任和尊重，减少个人干涉，使他们充分发挥个人的工作主动性和能动性。

学生干部队伍应真正发挥先锋模范作用，真正发挥战斗堡垒作用。学校应健全团支部、学生会组织，主动让学生组织成为学校与学生、教师与学生沟通的桥梁，通过民主推荐、个人竞选产生学生干部队伍。结合开放教育学生的生理和心理特点，通过学生干部开展广泛的思想交流。帮助广大学生树立和培养学习自信心，一方面肯定他们在以往的学习和工作中取得的成绩和努力，使他们充分看到自己的优点和能力；另一方面，循序渐进地开展一对一式辅导，将他们在现在的环境中遇到的问题进行总结归纳，然后反馈经验。

（三）通过加强校园文化氛围引导学生的学习和发展

开放教育的学生以参加远程教育学习为主，这些学生有着强烈的孤独感，他们渴望交流，希望像普通高校的学生一样有丰富的校园生活，感受来自众多同学的支持与友谊。学校应主动提供学生情感交流、培养兴趣和寻求帮助的平台，能够促进学生之间交流沟通，传承成长经验，解答学生疑惑，碰撞智慧思想，传递情感关怀，培养同学友谊，消除学习孤独感，增强学生对开放大学的身份认同感、归属感和凝聚力，营造积极向上的校园文化氛围，促进学生的管理、学习和发展。经常性地开展校区、班级之间各种比赛活动，增进学生之间的友谊，根据不同学生原来从事的不同行业，有针对性地聘请相关行业的专家学者到学校举办讲座，促进学生的积极参与和交流。同时，用各种比赛的形式加强同行的良性竞争，使学生之间互相帮助，共同进步。对学生的学习积极性，导学教师应合理引导，帮助他们树立明确的学习目标，使他们既有针对性，又能自我检测和反馈。

二、坚持以人为本的理念

（一）以人为本的管理

以人为本管理模式是以人为中心，在确立学生主体地位的基础上，围绕调动学生的主动性、积极性和创造性来开展一切管理活动，这种管理模式是高校学生管理模式发展的必然走向。以人为本的学生管理工作理念，就是要以人为出发点，充分尊重学生作为人的价值和尊严，充分尊重学生的人格、个性、利益、需要、知识兴趣、爱好，力促学生全面发展，健康成才，并能可持续发展。这意味着要从那种把对人的投资视为"经济性投资"的立场转变为"全面发展性投资"的立场。以人为本的管理在处理人与组织的关系时，并不否定和排斥组织的目标，而是应把人的自我发展和自我完善作为组织目标的组成部分。高校学生管理中坚持以人为本的管理思想，就是指高校学生管理工作必须以调动学生的积极性、做好学生的工作为根本。具体而言，就是要在高校学生管理过程中坚持把教育和管理的对象——所有学生作为全心全意为之服务的主体。树立"以人为本"的高校学生管理理念，营造良好的服务氛围，对学生能起到潜移默化的作用。高校从教学到行政管理，从学生学习到后勤服务，都要不断深化教育改革，转变教育观念，转变过去那种以学校为主体、以教育者为核心的工作思路和工作方式，变管理为服务，树立一切工作都是为了学生的健康成长的管理理念。以人为本的高校学生管理就是以学生的发展为高校工作的出发点和落脚点，一切为了学生，使大学生德、智、体、美、劳全面发展。具体而言，就是要理解学生，尊重学生，服务学生，信任学生。

（二）实现以人为本的管理模式的必然性

高校是培养和输送人才的重要阵地，始终担负着为社会培养高素质的建设者和接班人的神圣使命。在现行的高校学生管理中，管理目标的抽象化和格式化也是高校学生管理的一大弊病。高校学生管理工作与学校的其他工作目标是一致的，都是为社会培养人才。

人性化管理是以情服人来提高管理效率的，人性化管理风格的实质就在于充分尊重被管理者的自由和创造才能，从而才使被管理者愿意以满足的心态或以最佳的精神状态全身心地投入学习和工作中，进而直接提高管理效率。人性的管理是情、理、法并重的管理，而不是放任管理，也就是我们提倡的教育人性化。对高校学生实行以人为本的管理模式抓住了学生管理中最核心的因素，因为学生管理就是人的管理。人的需求、人的属性、人的心理、人的情绪、人的信念、人的素质、人的价值等一系列与人有关的问题均成为管理者悉心关注的重要问题。这是高校学生管理的出发点和落脚点。

高校的基本职能之一就是为社会发展教育和培养人才，大学生已经具有了成为国家栋梁的基本潜质和条件，在教育和培养的过程中，要充分调动大学生的主动性、积极性和创造性，为他们提供能激发创造性和自主创新性的氛围。而要实现这一目标，高校学生管理就必须是人性化管理，实施以人为本的管理模式。首先，要转变教育管理观念，树立科学的人才观。切不可用一种人才模式去苛求学生，限制学生个性的发展。学生管理工作者要有着眼于未来的宽广眼光和不拘一格的育人胆略。其次，要着重提高教师的综合素质，强化管理者的人格魅力。

在新形势下，主观上学生群体已经逐渐不接受传统的高校学生管理模式，客观上高校管理所面临的形势也不能使这样一种模式维持下去。招生规模的扩大、贫困生数量的增加、个性培养和创新教育日益被高校所重视等，这些因素都要求高校学生管理必须抓住"学生"这一根本，转变管理理念，提高教师的综合素质，强化管理者的人格魅力。进行人本化管理，其实是对教师，尤其是学生管理者提出了更高的要求。以人为本，促进高校学生管理和谐发展是时代的发展适应大学生全面发展和个性发展的必然要求。构建和谐社会、和谐校园，新时期学生的思想特点等使以人为本的管理模式成为必然的选择。

（三）构建以人为本的学生管理模式

1.加深对学生本质的认识

高校学生管理，无论是计划和任务的确定，还是内容和形式的选择，都源于对学生的认识和把握，源于对学生发展中各种矛盾的深刻洞察。实际上，任何个体都有其自身具体、独特、不可替代的需求。不同个体的需求在整个群体中又都不是孤立存在的，它们之间是相互联系和作用的。就高校学生管理而言，学生对自身所处管理环境的感受，对自己在学校中的地位，对学习、恋爱、人际关系、就业等个人发展需要得以满足的程度，都是影响管理效果的重要因素。

离开了对这些因素的认识、洞察和把握，高校学生管理就成了无源之水、无本之木。因此，我们只有全面考虑学生的个体情况，重视个人需要在管理中的地位和作用，并把它们看作运动的、变化的，高校学生管理才能有的放矢，提高管理效率，取得预期的效果。

2.营造以人为本的校园文化环境

环境是人们赖以生存和发展的自然条件和社会条件的总和。校园文化环境是指与校园文化的形成和发展密切相关的外部条件。校园文化环境包括校园的物质环境和校园的精神环境两个部分。校园的物质环境是以布局成形的姿态出现的物质环境，主要是指校容，如：建筑物的布局，室外的绿化、美化，室内的整洁、美观、大方等。校园的精神环境主要是指学校的传统习俗，如：校风、人际关系、心理氛围、文化品位及活动构成的气氛等。人的发展和才能的养成，是遗传、教育、环境共同作用的结果。人不仅受其所处的环境的影响，也在不断地改变环境。这个环境又进一步地影响他人和自己。就学校而言，这种对人的发展和才能的养成产生影响的环境，就是校园文化环境。

校园文化环境对学校的教育工作及师生员工的生活有着不可低估的作用。开展丰富多样、多元化的学生集体活动，不仅能够培养学生崇高的理想和高尚的道德情操，而且能够使学生的兴趣爱好和特长得到良好的培养和充分的发挥。在一个健全的集体中，学生的不良习惯及意识也比较容易克服，因为集体的影响，优良作风对学生思想品德的形成和发展能起到巨大的促进作用。要充分调动学生的积极性、创造性，设法激发学生的思维兴奋点，组织开展丰富多彩的集体活动，在集体活动中教育、培养每个成员的集体主义精神。通过各项活动，积极发挥和发展学生的才干及特长，使活动和教育融为一体。

3.构建以学生为中心的管理模式，实现学生自我管理

贯彻"以人为本"的教育理念，构建人性化的学生管理模式，其中最基本的有两条：一是确保学生在教育中的主体地位，充分尊重学生的人格与自主权利；二是要对所有学生负责，为学生的全面发展提供应有的服务。

作为教育工作的重要方面，在管理工作中确保学生的主体地位，尊重和维护学生自主学习的权利，就要保证教育主体的主观能动性得到充分的发挥，使他们的个性得到充分的张扬，使学生的潜力和发展的潜质得到充分的挖掘。积极实践学生的"自我管理、自我教育、自我约束、自我服务、自我发展"，不断培养和提高学生独立思考问题、分析问题、解决问题的能力，这不仅是改进学生工作、为学生的自主发展提供更大空间的需要，也是教师这些年来在学生管理工作中的成功经验。实际上，学生的"自我管理"就是一种民主的、开放的、人性化的管理，它更加有利于实现学生成才的目标。

4. 管理过程中出现的偏差

虽然教师的理念是正确的，但是在实施的过程中同样会出现问题。在教育学生的过程中，教师有时会忽略学生的位置，教学过程中缺乏互动性，教师需要调动学生的主动性，使其主动学习。

要注重启发引导，避免单一的知识灌输。教师有时候是采用"灌输式"的教育方式，将知识单纯地传授给学生，没有给学生思考的时间，没有培养学生的自我思维意识，学生只是被动地接受，根本没有转化成为自己的知识，学到的也只是书本表面的知识。

学生学到的知识如果没有被内化而转为自己的思维构成中的一部分，那么他们是没有真正学到这一部分知识的。学生的主观能动性被忽略，失去了理解、互动、判断的内化过程。这样一来，大学生就失去了独立思维判断的能力，等他们步入社会以后可能会茫然不知所措，不知道自己以后的道路该怎么走，不知道怎样去适应这个社会。在教师教育的这个课堂上学生除了认真地学习课堂知识外，课外还需要加强自身学习。如果只是掌握课堂上的知识，但是没有课堂外的动手能力的培养，这样的大学生也是不合格的大学生。优秀合格的大学生不光是看成绩单，还需要各方面综合素质的培养，必须进行科学知识和动手能力的双重培养。学生在校期间除了学习课本知识外，还要提高交往能力和动手能力，才能更好地适应未来社会对他们的要求。

5. 学生在管理中的问题

学生自己是自由的。从"要我学"变成"我要学"，可以多让学生参加课外活动，多参加社团、学生会，使学生通过管理学会自我调节和自我管理。同时，教师需要有更多的激励方式来调动学生的积极性，从而更好地让他们进行自我管理。对于在自我管理方面表现出色的学生，应该予以必要的精神鼓励和物质鼓励，这样学生才能更好地自我管理，进一步更好地推进管理模式，形成良好的管理习惯。

6. 加强以人为本管理

做好学生管理工作，需要大家不断努力，通过多和学生沟通，了解学生，从而更好地做好学生管理工作，立足于学生所需、学生所想，实实在在地为学生做好服务。在管理方面，教师应该更多地阅读教育学方面的书籍，更好地了解现阶段学生的心理状态，知道怎样处理出现的问题，同时做学生管理工作的教师需要有满腔的工作热情和无私奉献的精神，这是一名管理者应该具备的，时时刻刻关心学生，了解学生的需要，从更人性的方面出发。除此之外，教师也需要合理的晋升培训机制，更好地鼓励管理工作做得好的教师，只有这样教师才能更有动力地做好管理工作。

高校管理工作是一项责任重大的工作，高校管理工作者要围绕学生的基础需要，立足于学生的发展，更多的是做一个好的引导者，让学生朝着更好的方向发展。这也是我们管理者在以后的工作中需要加强的。

7.提高学生管理工作者的素质

以人为本的管理理念体现出管理的自主性、民主性、灵活性和发展性等特征，这对学生管理工作者提出了更高的要求。"教书育人"就是通过"教书"的手段和过程达到"育人"的目的。高校各门课程都具有育人功能，所有教师都有育人职责。学校道德教育的成效在很大程度上是由教师的道德素养所决定的。教师及各类管理人员要从不同的方面对学生的行为产生影响和作用，确立全员育人和全程育人的观念。学生工作者要深刻认识并准确把握经济社会形势和发展趋势，面对这些变化所带来的影响，能够因势利导，做好学生的教育引导工作。

建设一支高素质的学生工作队伍，一方面，学校要按照要求认真做好建设规划，做到与师资队伍和其他管理人员队伍的建设统一规划、统一实施；要明确条件、坚持标准，切实做好人员选配工作；要周密计划、合理安排，扎实推进人员培训工作；要提出目标、严格要求，不断增强学生工作者的责任感；领导和有关部门要对学生工作者思想上重视、工作上支持、生活上关心、政治上爱护，使学生工作者都能够随着形势的发展和工作的进行不断提高素质和水平，以满足事业发展的需要。另一方面，要求学生工作者加强自身修养，明确神圣职责，增强责任观念，树立服务意识，努力学习，积极实践，深入思考，大胆创新，不断探索新形势下学生工作的新路子、新方法，不断总结适应新形势、新情况下学生工作的新经验、新成果，在全面服务学生成长成才的过程中发展自己，实现自身的价值。以人为本的学生管理要追求以新奇制胜，以巧妙攻心，关注学生的日常生活和学习生活中行为表现的细枝末节，把为学生服务放在重要位置，创造性地进行管理。只有坚持"以人为本，和谐发展"的管理理念，适应新时期科学发展观的要求，倡导积极向上的学习观、人生观、价值观，实现学生管理模式的改革与创新，才能真正促进学生的全面发展、和谐发展和持续发展。

三、创新管理方式

（一）高校学生管理工作创新的必要性

如今，高校的功能已由单一走向多元、从简单趋向复杂，高校与社会的关系日益紧密。21世纪，人类社会正进入一个以智力资源为主要依托的全球化知识经济时代，伴随知识经济社会的到来，高等教育将在社会中发挥空前重要的作用。高校作为法人实体，必须有全面创新思维，否则将落后于历史前进的步伐。全面创新管理，特别是其根据环境的变化突破了原有的时空界域和局限于教学管理部门和教师创新的框架，突出强调了新形势下全时创新、全球化创新和全员创新的重要性，使创新的主体、要素与时空范围极大扩展。

1.管理创新是培养高素质人才的需要

当前，科技飞速发展，新技术不断涌现，要培养大批高素质人才以适应新时期的生产建设，必须不断推进教育创新，这不仅包括教育观念、教育制度的创新，在人才培养模式和学生管理工作上也必须探索出一条新的道路，才能提高人才的素质和能力。学生管理工作是高校育人的重要手段，其本身并不是一个简单的政策、制度、规章所能涵盖，而是一整套理论体系和系统工程的反映。学生管理工作的创新过程必须不断与外界思想、政策、环境相比较，适应时代的潮流和社会的发展，这样才不会被时代所淘汰。

2.管理工作创新是高等教育大众化的需要

自高校扩招以来，招生规模不断扩大，学生人数不断升高，以前所谓的"精英教育"渐渐被大众化的教育模式所取代，大学生的整体素质和层次也在发生着巨大的变化，这对大学生管理工作是一个不小的挑战。高校学生管理工作只有积极创新，不断探索，才能适应高等教育大众化发展的要求。

3.管理工作创新是服务学生的需要

我国当前正处于社会转型期，社会生活方式逐渐多样化，大学生的思想观念、价值观念、生活方式都在发生着巨大的变化。网络技术快速发展，大学生对于新知识、新技术的接受和学习更快，这使得他们被网络深深地影响着。从学生管理的层面上来看，互联网的确带来了新的技术和方法，但互联网也冲击着传统的管理方法和体制。网络信息良莠不齐，不少学生难以判断信息的好坏，难以抵御不良信息的侵袭，其思想受到这些虚假、反动信息的毒害，导致部分学生沉溺于网络游戏等，甚至走上违法犯罪的道路。因此，必须对管理模式进行创新，这是加强学生工作的需要，也是提高高等教育质量的需要。

（二）全要素创新在高校学生管理中的应用

1.高校创新发展战略的制定为全面创新指明了方向

高校在战略措施的制定上，要找准切入点，突出特色，坚持特色办校，将有限资源用于战略性、关键性的发展领域，使之发挥最大的效用。高校的优势来源于管理者将内部所具有的专业特色优势、人才优势、学术科研成果、管理经验、资源和知识的积累、整体创新能力等多种因素整合。只有建立在现有优势基础上的战略，才会引导高校获取或保持持久的战略优势。推进特色办校战略，不仅在某一学科或专业上有特色，而且尽可能进一步在某一领域上有特色。

2.创新文化的建设是实现高校全面创新的源泉

各种创新活动都离不开高校创新氛围的基础，如果高校中人们的思想固化，思路不清，机械呆板，满足现状，不思进取，缺乏创新欲望和动机，对创新举动不予理睬甚至百般阻挠，就不可能形成强烈的创新氛围。

3.技术创新是实现高校全面创新的手段

现代信息技术对教师的学科知识结构及掌握现代化教育技术的程度也提出了更高的要求，引起教学方法和手段的现代化及课程内容的更新，影响教学过程和人才培养的过程，对大学生的思维方式、行为模式、价值观念等都产生深刻的影响。

4.创新制度设计是高校实现全面创新的保障

任何一个制度和政策设计的终极目标都是要最大限度地激发人的积极性。

高校必须承认个人在知识发展中的独特性，建立"以人为本"的有利于学生创新思维、创新能力培养的管理制度，既有利于充分发挥学生的学习积极性，又有利于充分发挥教师的教学积极性。

5.学习型组织是高校实施全面创新的必然选择

随着我国高等教育向大众化阶段的迈进，高校办学规模不断扩大，管理幅度和管理层次也相应增加，高校实际上已经成为一个复杂的组织系统，传统的金字塔式的组织结构已很难适应知识经济的要求。因此，应改变组织结构，建立一种有机的、高度柔性的、扁平的、符合人性的、能持续发展的、充分发挥员工的创造性思维能力的组织。

6.全时空创新在高校学生管理中的应用

全时空创新每时每刻都在创新，使创新成为涉及学校各个部门和师生员工的必备能力，而不是偶然发生的事件。这就要求在课程体系中增加创新能力的训练和综合实践课程，提高学生在亲身实践中发现问题、解决问题的能力，进而激发灵感。同时，教师要更新教育观，转变教育思想，改变常规教学方法的树立，把知识的最新成果及学术界正在争论的问题随时融入教学中，身体力行地站在创新的最前沿。况且，在全球经济一体化和网络化的背景下，高校应该考虑如何有效利用创新空间，在全球范围内有效整合创新资源为己所用，实现创新的全球化，即处处创新。

7.全员创新在高校学生管理中的应用

全员创新要求师生员工必须学习、学习、再学习，不仅要系统学习掌握基础的现代科学文化知识，而且要钻研某一专业方面的前沿领域，做到博与专、基础与特长的和谐统一，加强当前的阶段性学习，更要强调终身学习，不断增加新知识、新技能，保持良好的知识结构。高校学生管理人员再也不能像以往那样用传统的组织手段来指挥一群富有知识、渴望创造的教育工作者，必须不断探索高校学生管理中的新规律、新问题，研究现代化高校学生管理的新的方法论，寻求新形势下行之有效的管理方法，努力增强高校学生管理的科学性和艺术性，不断提高管理成效，用信息化管理方式取代传统管理方式，更要学习借鉴国内外先进的高校学生管理经验。

8.全面协同在高校学生管理中的应用

　　正常的教学秩序需要稳定的教师队伍和部门之间的协同管理创新。目前，高校规模的不断扩大使高校学生管理创新呈现出纵向的多层次性和横向的多部门性，并且相互依存。无论从高校教育和教学管理的主体还是从客体来看，都不可避免地会出现利益和要求的多元化局面。高校学生管理中的协同创新行为是高校多个部门创新的组合过程，必须让所有参与协同的部门了解当前高校组织创新的实际情况，这不仅有利于单个部门的创新，而且在创新的过程中能进一步增进相互的理解和信任，利用部门之间相互协同创新，增强高校的凝聚力，提高高校的管理效率和创新能力，最终实现解决矛盾、缓解纠纷、消除内耗、达到整体创新的目的。

第五章　当代教育信息技术环境研究

当代教育技术环境是指在当代教与学的实践活动中，为优化教学效率、效果而建立的系统化的教育技术设施与条件，包括物化形态的技术和智能形态的技术两大类。物化形态的技术指的是凝固和体现在有形物体中的科学知识，它包括从黑板、粉笔等传统的教具到电子计算机、卫星通信等一切可用于教育的器材、设施、设备等以及相应的软件；智能形态的技术指的是那些以抽象形式表现出来，以功能形式作用于教育实践的科学知识，如系统方法等。这些信息技术环境又可分为硬件环境和软件环境，其中硬件环境是学校应用教育技术的基础，软件环境是实施教育技术的必要条件和关键。当代教育技术的硬件环境一般由多媒体教室、校园网、计算机网络教室构成。

第一节　教育信息技术与多媒体教室

多媒体教室也称多媒体演示室，是根据教育教学的需要，将多媒体计算机、投影、录音、录像等教学媒体组合在一起而建立起来的综合教学系统。多媒体教室是学校利用多媒体手段开展信息化教学的最普遍的教学场所，适用于各类课程的教学。在多媒体教室里，教师可以方便、灵活地应用多种媒体实施多媒体组合教学，使教学过程更加符合学生的认知、理解和记忆规律，有利于提高教学效果。

多媒体教室一般是在普通教室的基础上增加了现代多媒体设备改建而成的。因此，在建设多媒体教室时必须对教室进行一定的光学和声学方面的处理。教室要配置双层遮光窗帘，对于照明设施的安装位置都要做合理科学的设计，从而使多媒体教室达到最佳的教学效果。多媒体教室设备相对贵重，从管理成本和安全角度上讲，教室应配备防盗门及电子技术防范设备，防止设备被盗。

多媒体教室的正确选择和良好建设，将为充分发挥多媒体教学起到至关重要的作用，因此，建议在多媒体教室的选择、建设上要有长久的规划和打算，从安全和技术角度考虑，要适当加大安防、技术设备的投入。

组建多媒体教室应该考虑到设备的维护和管理。在选购设备时，要选择信誉质量可靠、相互匹配的产品，要充分考虑设备的质量和稳定性。同时还要有良好的售后服务，确保设备有相应的服务保证和技术支持。

一、多媒体教室的基本功能

多媒体教室一般具有以下基本功能：

第一，与校园网络、国际互联网连接，使师生方便、快捷地从中调取自己所需要的教学资源。

第二，可以连接闭路电视系统。

第三，可以演示各类多媒体教学课件。

第四，可以播放录像、VCD、DVD等视频，供教学演示。

第五，可以投影或展示实物、模型、图片、文字等资料，为教学讲解提供方便。

第六，能将计算机信息和各种视频信号清晰地投影到大屏幕上。

第七，能够通过高保真音响系统播放各种声音信号。

二、多媒体教室的基本构成

（一）系统构成

多媒体教室系统通常是由多媒体计算机与各种视音频设备组成的、由中央控制系统集成控制的结构框图。

（二）主要设备

多媒体教室主要设备包括中央控制系统、多媒体计算机、投影机等。

1.中央控制系统

整个多媒体教室中的全部媒体设备都由中央控制系统集中管理控制。中央控制系统的主机集成了红外线遥控模块、音频切换模块、视频切换模块、VGA切换模块和电源管理模块。红外线遥控模块控制投影机、影碟机、录像机、展示台等影音设备和遥控窗帘、空调等环境设备。音频/视频信号切换模块完成相应信号的切换。VGA切换模块有两路切换，可外接手提电脑等。中央控制主机通过串口和多媒体电脑控制面板通信。一些中央控制系统还具备远程控制、状态反馈的网络型集中控制系统，该系统可将多媒体教室重要设备的运行状态真实或实时地传送到主控进行监控管理，并且可以对教室的设备进行远程控制。目前，中央控制系统管理下的多媒体教室设备大都采用"一键开/关"机，操作方便。

2.多媒体计算机

多媒体计算机是多媒体教室的核心设备，多数时间处于多任务工作状态，所以在选购时就应该优先考虑稳定性和兼容性俱佳的品牌电脑。由于多媒体教室的计算机要适合不同课程的教学，所以在配置软件的时候要兼顾不同课程的需要。

3.投影机

投影机是整个多媒体教室中最重要的设备，它连接着计算机系统、所有视频输出系统及数字视频展示台，把视频、数字信号输出显示在大屏幕上。目前，根据投影技术的不同，投影机主要可以分为三类：CRT投影机、DLP投影机、LCD投影机，三种投影机各有优劣。CRT投影机的技术比较成熟，显示的图像色彩丰富，还原性好，但其图像分辨率与亮度相互制约，直接影响了亮度值。DLP投影机的画面质量细腻稳定，尤其在播放动态视频时图像流畅，形象自然，数字图像还原真实精确，但是在图像颜色的还原上不及LCD投影机。LCD投影机，即液晶投影机，它的成像器是液晶板，采用被动式的投影方式。液晶投影机的基本原理就是利用LCD液晶模组来调变由光源射出投影至银幕的色光，LCD投影机的投影画面色彩还原真实鲜艳，色彩饱和度高，光利用率很高。液晶投影机是目前市场上LCD投影机的主流产品，其机体积小、重量轻、亮度高，实现相应连接后，可同步显示计算机显示器显示的内容，同步显示实物展示台的教学资源（文字、图片、实验操作等）。

4.视频展示台

视频展示台又称实物展示台，是一种新型的视觉媒体设备。视频展示台的基本工作过程是：利用一个摄像头将展示台上的景物转换成视频信号，再通过电视机或投影机播放，其工作原理和摄像机相同。常见的视频展示台主要有两种类型：一种是双侧灯台式视频展示台，其双侧的灯用于调节视频展示台所需的光强度，便于最佳地显示展台上的物品；另一种是单侧灯台式视频展示台，其单侧灯同样用于调节视频展示台所需的光强度，且不同展示台单侧灯的位置各不相同，但不影响教学效果。

5.银幕

银幕是投影画面的载体，可分为正投银幕（反射型）、背投银幕（透明型）。正投银幕不受尺寸限制，但受环境光线的影响较大。背投银幕的画面整体感较强，不受环境光线的影响。比较普遍使用的有白基布银幕、金属银幕和玻璃珠银幕，目前的多功能教室大都使用电动升降的玻璃珠银幕。玻璃珠银幕有一定的方向性，但有效散射视角大于金属银幕。亮度（增益）系数大于2.0，视角范围介于白基布银幕与金属银幕之间。玻璃珠银幕的特点是亮度高、成像清晰，但亮度受视角影响，在一定的角度内观看效果较好。

银幕尺寸的选择主要取决于使用的空间面积及学生座位的数量、位置的安排等因素，要保证后面的学生能清晰地看到画面和文字。

银幕宽高比例合适有利于投影设备最佳地显示投影信号。

6.电子白板

电子白板是建立在大小接近黑板的普通白色书写板的基础上的电子设备。它可以与计算机进行信息通信，二者连接后利用投影机将计算机上的内容投影到电子白板屏幕上，在专门的应用程序的支持下，可以构造一个大屏幕、交互式的协作会议或教学环境。

三、多媒体教室的类型

根据教学媒体数量的多少、质量的高低、教学功能的差异等，多媒体教室可分为四种类型：标准型、简易型、多功能型及学科专业型。这里重点介绍后三种类型的多媒体教室。

（一）简易型

简易型多媒体教室中常装配如下教学媒体：多媒体计算机、视频展示台、录像机、影碟机、液晶投影机和银幕等。透过液晶投影机，可将来自多媒体计算机的数字信息或来自视频展示台、录像机、影碟机等的电视信号投影到大屏幕上。简易型多媒体教室中使用了液晶投影机、视频展示台。但是在多媒体教室中，各个设备都是相互独立的，因此在使用过程中会比较麻烦。

（二）多功能型

多功能型多媒体教室较标准型多媒体教室增加了摄录像装置和学习反应信息测试分析系统。

1.摄录像装置

在教室装配有2～3台摄像机，用于摄录师生的教学活动过程。摄像机信号传送到中心控制室供记录贮存，或同时传至其他教学场所供教学观摩或扩大教学规模。

2.学习反应信息测试分析系统

该系统能让全体学生在座位上通过应答器对教师提出的问题做出选择性的回答，计算机实时收集与分析学生的学习反应信息，使教师能及时、全面地了解学生的整体和个别情况，实现个性化教学。

（三）学科专业型

学科专业型多媒体教室是在简易或标准型配置的基础上增加一些某学科教学特殊需要的设备，如：生物课教学需要的彩色显微摄像装置等，这样便成为某一学科专用的多媒体教室。

四、多媒体教室的教学应用

多媒体教室具有强大的多种媒体演播功能、集成控制功能和网络接入功能，被广泛应用于课堂演播教学、培训、远程网络教学、会议报告和各种演示等方面。多媒体教室用于课堂教学，可通过文字、图形、图像、实物、电视、录像和动画等多媒体信息的演播来展示事实、模拟过程、创设情境，开展多种模式的教学。

第二节　教育信息技术与校园网

一、校园网的组成

校园网主要包括两大部分：硬件系统和软件系统。

（一）硬件系统

校园网的硬件系统一般包括服务器、网络互联设备、网络传输媒质及工作站等部分。

1.服务器

服务器是网络系统的核心部分，所以要选用处理能力强、可靠性高、稳定性强、兼容性好的计算机。对于小型的校园网来说，各种服务器一般都集于一台物理服务器之上。

2.网络互联设备

网络互联设备主要用于连接多个相对独立的网络，从而实现网络之间的资源共享。网络互联设备主要包括集线器、交换机、路由器、网关、防火墙。

（1）集线器

集线器是计算机网络中连接多个计算机或其他设备的连接设备，是对网络进行集中管理的最小单元。使用集线器可以改变网络的管理和维护水平，提高网络的稳定性和可靠性。如果网络中计算机数目较多，可将集线器级联使用或选用可堆叠集线器。

（2）交换机

交换机是集线器的升级换代产品，它的外观与集线器相似，也是带有多个端口的连接设备。但二者也存在明显的区别：首先，工作机理不同。集线器的工作机理是广播，其执行效率比较低，安全性差，而且一次只能处理一个信包，不适合用于较大的网络主干中。而交换机则采用点对点的方式，不影响其他端口。其次，带宽占有方式不同。集线器所有端口都是共享一条带宽。而对于交换机而言，每个端口都有一条独占的带宽，这样在速率上对于每个端口来说就有了根本的保障。最后，传输模式不同。集线器采用半双工方式传输数据，在上行通道上，集线器一次只能传输一个任务。交换机采用全双工方式来传输数据，因此在同一时刻可以同时进行数据的接收和发送。

（3）路由器

为了把信息从一个网络发送到另一个网络，信息必须路由到可靠的路径。此路由是由路由器提供的。路由器是一种连接多个网络或网段的网络设备，它能将不同网络或网段之间的数据信息进行"翻译"，以使它们能够相互"读"懂对方的数据，从而构成一个更大的网络。每个路由器通过与其直接相连的路由器交换信息，从而掌握这个网络的拓扑结构，建立和维护一个路由表。路由器根据路由表把从每个输入端口到来的分组转发到路由上的输出端口。从这个意义上讲，路由器有数据通道功能和控制功能。

路由器的存在可减轻主机系统对路由管理的负担，能提高路由管理效率。路由器分本地路由器与远程路由器两种。前者提供的安全级别比网桥高，而后者是使用地理位置分离的局域网进行通信，对网络有更大的控制权。路由器能连接对象有局域网和广域网，具有更强的异种网互联能力。

（4）网关

网关也称协议转换器或信关，是互联网工作在OSI传输层上的设施。它不仅具有路由的功能，而且能对两个网段中使用不同传输协议的数据进行翻译转换。常见的网关类型有局域网网关和Internet网关。前者提供局域网之间数据传送的通道；后者将非TCP/IP协议转换为TCP/IP协议等。

（5）防火墙

防火墙指的是一个由软件和硬件设备组合而成，在内部网和外部网之间、专用网与公共网之间构造的保护屏障。它最基本的功能就是控制在计算机网络中不同信任程度区域间传送的数据流。通过以防火墙为中心的安全方案配置，能将所有安全软件（如：口令、加密、身份认证、审计等）配置在防火墙上。

3. 网络传输媒质

网络传输媒质是网络中连接收发双方的物理通路，也是通信中实际传送信息的载体。其性能评价指标包括传输距离、抗干扰性、带宽、衰减性、性价比。根据传输媒质形态的不同，传输媒质可分为有线传输媒质（主要是双绞线）和无线传输媒质（主要是光纤）。双绞线是目前局域网中使用最多的传输媒质。光纤具有很高的传输带宽，损耗极低，抗干扰能力强，保密性好，但其价格高，安装复杂，发生故障时难以诊断和修复。

4. 工作站

工作站的主要功能是向各种服务器发出服务请求并从网络上接收传递给用户的数据。工作站有普通工作站和无盘工作站两种类型。普通工作站是一台安装有网络接口卡的完整计算机，其性能比用作服务器的计算机要低，单机运行可以完成用户的基本工作，接入网络可以访问网络资源。无盘工作站不包括磁盘驱动器，只包括键盘、显示器、内存和CPU等部件，这种工作站是为了便于在网络中使用而特别设计的。使用无盘工作站可以提高网络的安全性，如防止病毒感染等。

（二）软件系统

校园网上运行的软件主要有两类：系统软件和应用管理软件。

1.系统软件

系统软件由网络操作系统软件和网络应用系统软件构成，它是保证校园网硬件正常工作的支撑服务系统。

操作系统是网络的底层基础设施和系统运作的核心，它运行在网络硬件基础之上，是为网络用户提供共享资源管理服务、基本通信服务、网络系统安全服务及其他网络服务的软件系统，是校园网软件的核心部分，其他应用系统软件需要网络操作系统的支撑才能运行。网络操作系统有两类：面向任务型和通用型。前者是为某一特殊网络应用要求设计的；后者能提供基本网络服务功能，支持各个领域的应用需求。

网络应用系统软件是校园网的重要组成部分。常用的应用系统软件有服务器软件、数据库软件、客户端网络浏览器软件及电子邮件服务器软件等。

2.应用管理软件

应用管理软件是指依据特定的校园网所要实现的功能而配置或专门设计开发的一类软件，如：学生成绩管理软件、图书管理软件等。

二、校园网的特点及功能

（一）校园网的特点

校园网具有用户数量大、网络负荷高、利用率高的主要特点。

校园网是一个相对较大的局域网，要同时支持成千上万的用户上网。由于要实现视频点播及多媒体网络教学，多媒体信息量大大增加。因此，对网络的带宽要求比较高，网络管理及维护的工作量也比较大。由于校园网是学校信息化的基础设施，频繁用于学校日常教学、科研和管理中，所以网络的利用率就很高。

（二）校园网的主要功能

校园网的功能作用主要体现在信息交流服务、多媒体报告厅（教室）、多媒体网络教室、教师备课室、电子图书馆、电子阅览室等方面。

三、校园网的教育应用

一般而言，校园网的功能有内外之分，对内以教学、科研和行政管理为主，对外则通过Internet建立远程访问系统，实现师生的远程访问及远程教学。具体来说，校园网的教育应用主要体现在以下三点：

（一）应用校园网对教学过程提供直接支持

校园网可以为教师制订教学计划和开展备课、授课活动提供网络环境。教师可以通过校园网进行网上教学，与学生进行互动，在网上给学生布置作业及网上答疑等。学生可以在网上接受指导和获取新知识，而且可以通过网络课件进行自主学习，与教师和同学进行网上交流。

（二）应用校园网支持学校的日常办公和管理

建立在校园网络基础上的学校管理信息系统可以为学校在人事、教务、财务、日程安排、后勤管理等方面提供一个先进的分布式管理系统，使学校内部真正实现无纸化办公，节约开支。利用校园网学校各部门均能方便、快捷地获得其他部门的信息，提高工作效率。利用校园网学校各部门实现信息融合和共享，增强透明度。利用校园网络提供的通信功能，向学校各部门和教职工、管理人员发布各类通知、布告等信息，甚至可以召开电子会议。

（三）可以与互联网连接

与互联网的连接是校园网的重要应用之一。校园网不仅能提供区域性的教育资源传输和共享，还能实现与Internet的连接，实现基于Internet的通信与资源共享；将教育部门、学校、家庭之间连接起来，实现三者的相互沟通；提供多种网络信息服务，包括Internet服务与教育卫星、电子公告和视频会议、IC卡服务及校外服务（PSTN）等。校园网与互联网连接极大地扩展了师生获取信息的途径，增强了校内外的沟通，并且可以自由地发布教育信息。

此外，利用校园网还可以建立数字图书馆，为学校的教学、科研及管理提供图书情报资料服务，使师生很方便地共享各种资源。

第三节 教育信息技术与数字化学习资源中心

一、数字图书馆

数字图书馆是用数字技术处理和存储各种图文并茂文献的信息库，几乎所有的图书信息都能以数字化形式获得。数字图书馆把各种不同载体、不同地理位置的信息资源用数字技术存贮，以便于跨越区域、面向对象的网络查询和传播，读者可以通过网络访问图书馆的文献数据库系统。数字图书馆又称虚拟图书馆，即在本地图书馆之外，还有许多外地图书馆可联机访问，电子信息中心和电子杂志中心也成为数字图书馆的重要成员。数字图书馆对应于各种公共信息管理与传播的现实社会活动，它借鉴图书馆的资源组织模式、借助计算机网络通信等高新技术，创造性地对知识进行分类，为用户提供精准的检索。

（一）数字图书馆的主要功能

1.基本功能

数字图书馆提供的对外服务是以先进的网络环境为基础的开放服务。数字图书馆系统采用浏览器/服务器的方式，向终端用户提供数字图书服务。从理论上而言，数字图书馆是一种引入管理和应用数字化的物理信息对象的方法，具有以下五项基本功能：第一，将各种信息资源的载体数字化。例如，对各种文化遗产的珍本、善本用扫描仪进行数字化处理。第二，可以储存大量的数据，并进行有序、有效的管理。面对大量的数据，采用一种接近于联机的技术，将数据存放在光盘自动存取装置或自动化的磁带塔。新出现的因特网数据中心，使用存储局域网（SAN）、附网存储（NAS）或集群存储等，均适合于海量存储。通过图书馆服务器管理数据的目录、索引和查询。第三，组织有效的访问和查询。寻找和访问的技术从文本扩展到多媒体文件。分类功能、内容查询和导向工具均可用于多媒体数据。第四，将数字化资料通过网络进行发布和传送。第五，采用系统管理，对版权进行保护。

2.社会功能

数字图书馆是传统图书馆的创新与发展，是传统图书馆自动化发展的高级阶段，因而也具有传统图书馆的社会功能。

第一，为个人及社会的发展提供动力。一方面，数字图书馆就像传统的图书馆那样，能够成为个人学习、实现终身教育的平台；另一方面，数字图书馆的数字技术为知识的贮存提供海量的空间，也打破了知识传播的时空限制，使人们更有效地利用知识，从而推动社会的进步发展。

第二，有助于消除信息鸿沟，实现信息公平，使不同区域得到均等化的发展。数字图书馆实现了信息资源的共享，使不同区域、不同国家的人可以跨越时空限制，公平、公开地获取信息，有效消除信息鸿沟。

第三，开展网络导航，净化网络信息资源环境。网络信息资源来源多种多样，繁多而浩大，但大部分信息都没有经过规范的加工整理，使用户在浩瀚的信息海洋里无法快速寻找到目标信息。而数字图书馆则承担了信息组织加工的整理工作，把杂乱无章、分散的网络信息集中起来，有规律地对其进行分类、过滤，将有价值的信息传递给用户。

第四，开发智力资源，进行网络资源利用教育。智力资源的开发，主要是开发馆藏文献资源；开发网上信息资源；开发用户的智力，培养用户科学思维的能力。数字图书馆将有用的网络资源传递给读者，充当了信息传递的中介角色，由此应担负起教育者的角色，即向读者介绍网络信息的概况，传递与信息相关的法律规章制度，介绍信息检索方法等，帮助读者快速地检索到目标信息。另外，数字图书馆还指导读者如何使用检索工具、软件，如何使用新型媒体。

第五，开展社会教育。数字图书馆存储的知识信息几乎包括所有的学科专业，包括不同深度的内容，能满足各类专业、各种职业、不同文化程度用户的需要。它通过数字化、网络化的传递手段，进行网上教学、远程教育，因而可以真正成为"无围墙的大学"。从这个意义上讲，数字图书馆不仅是一种重要的社会教育机构，也是学校教育的重要组成部分。

第六，传递适用信息。数字图书馆收藏各种各样的信息，包括政治、经济、文化、科技、生活等普通信息。通过对信息加以整理，开发信息产品，数字图书馆还可以面向领导机关传递决策信息，面向生产技术、科研单位传递科技信息（含工艺、标准、专利、图纸等），面向投产、营销企业传递市场信息；面向城乡居民传递投资、消费、商品质量信息，面向农村农业发展传递种养与加工技术信息。

第七，提供文化休闲。数字图书馆中的各种知识，可以满足各类人群的广泛兴趣。文学艺术类知识可以使人们获取审美效果、精神享受。用户还可以利用数字图书馆听音乐、看电影，以获取精神愉悦。此外，数字图书馆还具有通信功能与宣传功能，以及保存人类文化遗产等功能。

（二）数字图书馆的特点

数字图书馆具有以下八方面的特点：

1.信息处理的数字化

传统图书资源一般存储的是印刷品，而数字图书馆的所有资源均以数字形式存放在物理介质上。经过数字化处理的信息，保存期长，并且可以在互联网上传递，方便用户远程检索。

2.信息传递的网络化

计算机网络是数字资料传输的通道。基本的传输网络是数字资料有效传输的环境。只有在高速的网络环境下才能进行多媒体传送乃至视频点播等数据量非常大的服务。用户可以通过本地局域网、有线电视网和互联网来获取各种数据信息。尤其是通过国际互联网，在任何时间、从任何地点都可以进入数字图书馆，获取符合自己需求的信息内容。

3.管理的数字化

数字图书馆是计算机管理与网络管理的有机结合，每一个图书馆使用者都具有一个对应号码，每一本图书、每一份资料都具有一个对应号码，这样利用数字就可以管理所有的使用者及所有的图书馆资源。

4.信息检索查询方便有效

数字图书馆的信息获取方式是通过现代化技术手段，并使用专门的读取设备，将用户和各个信息服务中心连接起来，提高检索效率和传播效率。图书查询服务利用各种查询方式方便地帮助读者查询图书。如果不知道书名，还可以用作者查询或模糊查询，还有主题词、关键词及索书号等其他查询方式，查询结果会以尽可能详细的分条目形式展现给读者。如果某家图书馆没有所需资料，重新输入一个网址，即可到另一家图书馆查找。

5.信息资源的开放性

数字图书馆是基于网络的系统，由于网络的开放性，有相应权限的用户可以在任何地方、任何时间通过上网获得查询信息、预约文献及漫游浏览各种信息等多种服务。这些服务是多方面、多形式及多层次的，还可以在网上与相关学者、专家探讨交流。数字图书馆可以为所有人服务，没有人数、开放时间的限制。

6.信息资源的及时性

数字图书馆可以让读者了解到最新的科技动态，学习最新的科技内容，而传统实物图书馆则因为图书出版周期等问题，往往使读者不能及时了解最新的发展动态。

7.信息的安全及用户权限管理

为防止非法访问，确保资源不被滥用，数字图书馆非常重视各种用户权限的管理及版权问题，如：标记数字化图像的技术和类似水印的加密技术等。

8.系统的局限性

数字图书馆也有一定的局限性，如：数字化文献必须借助一定的硬件设备和软件才能被用户所利用。因为数字图书馆是一个开放性的系统，复制成本低，所以知识产权容易受到侵犯。

（三）数字图书馆的教育应用

数字图书馆在教育领域的应用主要服务于科研、教学、素质教育、远程教育这四个方面：

1.科研

科研课题的开展需要大量的信息资源作为支撑。而通过数字图书馆，研究人员可以快速地获取到最新的、最前沿的研究动态和研究进展资料，从而使零散无序的信息变成整体有序的宝库，让数字图书馆充分发挥其科研服务的功能。

2.教学

数字图书馆中丰富的学科资源是教师备课和开展教学研究活动的主要教学资源，教师从学科资源中下载自己所需要的素材，经过加工整理，最后形成PowerPoint课件或者基于网络的CAI课件、专题学习网站及网络课程等网络教学资源，用于教学或供学生在线学习。

3.素质教育

数字图书馆为开展自主探究式学习、专题研究式学习和小组项目协作式学习等多种学习模式提供了丰富的资源，为开展多种素质教育活动提供了良好的环境，有利于培养学生的信息素养、学习能力、合作能力和创新能力。比如，利用数字图书馆开展问题探究式的学习模式，可以充分发挥学生的主观能动性，培养学生的探究能力、自学能力及协作能力等多方面的能力，使学生发掘和掌握的知识量呈倍数级增加，而且易于记忆和理解。

4.远程教育

大型联网图书馆有丰富多彩的网络学习资源，如：网络期刊、电子图书、参考工具资料、政府信息、新闻、图书馆网上公共目录、学位论文数据库、电子论坛及各类网络学习资源指南等，为人们终身学习和实施远程教育提供了丰富的信息资源，学生在如此海量的信息中将会如鱼得水。

从教育角度看，数字图书馆是一个巨大的教育资源库，同时也是一个学习环境。数字图书馆不仅给学生带来学习资源，而且还带来了信息时代的学习观念、习惯和模式。在新学习理念的指导下，学生的探究性学习、自主性学习及合作性学习等学习模式将日益普及与流行，学生的科研、协作、自学等能力将得到有效的培养。

（四）我国主要的数字图书馆

我国主要的数字图书馆有中国数字图书馆、超星数字图书馆、中国期刊网。

1.中国数字图书馆

中国数字图书馆是目前我国规模最大的数字图书馆。该网站内容覆盖经济、文学、计算机技术、历史、医药卫生、工业、农业、军事及法律等二十多个门类。该网站图书的数量还在不断增加，每天约增长二十万页。

2.超星数字图书馆

超星数字图书馆设文学、历史、法律、军事、经济、科学、医药、工程、建筑、交通、计算机和环保等几十个分馆，目前拥有数字图书十多万种。覆盖范围包括五十多个学科分类，涉及哲学、社科总论、经典理论、民族学、经济学、自然科学总论、计算机等各个学科门类。

3.中国期刊网

中国期刊网是中国学术期刊电子杂志社编辑出版的，以《中国学术期刊（光盘版）》全文数据库为核心的数据库，目前已经发展成为"CNKI中国知网"。其中收录了20世纪90年代年至今七千多种期刊全文，并对其中部分重要刊物回溯至创刊，并收录了大量的优秀博硕士学位论文，覆盖理工、社会科学、电子信息技术、农业、医学等专题。数据每日更新，支持跨库检索。中国期刊全文数据库采用有偿服务的方式，为人们提供资料和大量的信息。

除以上几个规模比较大的数字图书馆，我国很多单位、教育机构建立的数字图书馆也在不断地完善与发展之中。

二、虚拟实验室

虚拟实验室是指在软、硬件结合的前提下，用户通过网络访问虚拟系统，运用各种虚拟实验仪器仪表等设备，对建立起来的实验室模型进行实时仿真的虚拟教学环境。虚拟实验室不但可以为实验类课程的教学改革及远程教育提供技术支持，还可以随时为学生提供更多、更新、更好的虚拟设备环境。

（一）虚拟实验室的组成

虚拟实验室由虚拟实验台、虚拟器材库和开放式实验室管理系统组成。虚拟实验台与真实实验台类似，可供学生自己动手配置、连接、调节和使用实验仪器设备。教师利用虚拟器材库中的器材自由搭建任意合理的典型实验或实验案例。

归结起来，虚拟实验室也是由硬件体系和软件体系构成的。

1.硬件体系结构

硬件体系结构由服务器、数据库系统、实验仪器及合作工具、客户端终端机组成。

（1）服务器

服务器用于处理大量模拟操作数据，可以选用PC Server或SUN小型机、IBM小型机等，具体配置可根据实验室的建设规模、实验室类型及经费等决定。

（2）数据库系统

用于存储模拟数据初始条件和边界条件及实验结果数据。

（3）实验仪器及合作工具

具有计算机接口并且连接于网络。

（4）客户端终端机

任何连接到网络的用户通过客户端浏览器可以方便地进入虚拟实验室管理界面，根据不同的训练内容或课题内容需要进入不同的实验室空间，实现在线浏览、在线仿真、在线控制及下载软件至客户机。在本地进行仿真或进行远程控制，还可上传文件至服务器，实现与其他用户的在线交流等。

2.软件体系结构

虚拟实验室的软件体系结构包括管理系统、实验系统及帮助系统三类，每个系统又由很多子模块构成。

（1）管理系统

管理系统包括系统管理、工程管理、用户管理、教学管理这四个功能模块，系统管理的功能是实现虚拟实验室软、硬件系统的资源管理；工程管理的功能是对协作体内的协作项目进行全过程管理；用户管理的功能是对使用该系统的用户权限进行管理；教学管理的功能是具备包括学籍管理、成绩管理和实验教学过程管理等。

（2）实验系统

这是实验教学的核心，包括六个功能模块：共享资源模块、实验教学工作模块、教师工作模块、学员质疑模块、讨论区、网上考核系统。共享资源模块的功能是实现信息资源和软件资源的共享；实验教学工作模块的功能包括实验内容、实验要求、实验平台及实验结果提交等；教师工作模块的功能是供教师批改作业、回答学生问题；学员质疑模块的功能是供学生提问，以备教师查看和使用；讨论区的功能是提供一个共同探讨技术问题的空间，学生和学生之间、学生和教师之间可以进行"面对面"的技术交流；网上考核系统的功能包括试题库、注册系统、试题生成模块、考卷批阅系统、成绩查询系统等。

（3）帮助系统

帮助系统的构成要素包括系统用户手册、实验模块功能使用帮助等，其主要功能是根据用户的水平自动提供一些在线问题解答或指导。

（二）虚拟实验室的主要功能

虚拟实验室主要有以下四方面的功能：

1.学习功能

让学生通过使用虚拟仪器或模拟装置来熟悉实验过程，掌握相关技术，从而在单独使用模拟环境时能进行各种实验操作。

2.辅助设计功能

在分布式网络环境下，运用辅助设计软件进行系统的设计与分析。例如，EDA模拟软件就可以将仪器、仪表、模拟器件、数字器件等直观地反映在计算机屏幕上，可以灵活地改变电路结构和参数，反复观察实验的结果，并动态显示实验结果。

3.协同实验和研究功能

网络虚拟实验室利用当前网络技术和设施，使参与试验的人员在远程相互合作，进行实验研究，为分布在各地的研究人员提供共同从事一个项目的分布式问题解决环境。

4.仿真研究功能

虚拟实验室可以根据人们的设想完成现实实验无法完成或者成本很高的实验项目，如：武器效能评估、车辆碰撞效果分析等。

（三）虚拟实验室的教学应用

虚拟实验室的教学应用主要表现在以下三方面：

1.开发高新技术的虚拟实验

由于虚拟实验室不受现实设备环境的限制，可以采用基于网络的虚拟技术开发现实中由于受经费或场地限制一时无法实现的高新技术实验，引导学生接触新知识、新技术，开发学生的智能。

2.建立新型实验场所

虚拟实验利用多媒体技术、仿真技术与虚拟仪器技术相结合的方法，设计（"生产"）各种仪器设备。这些仪器设备并不是实体的，而是根据教学需要"生成"的，并能跟上教学内容的不断更新，使实践操作训练能及时跟上测试技术的发展。

3.进行远程实验教学

在有限的资金条件下，基于网络虚拟实验室为学校创造了一个先进而又灵活的实验教学环境。课堂教学不再局限于在有形的实验室中，学生动手操作实践的空间和时间得到无形的扩展，这样便使得远程教学中的实验教学内容可以通过互联网得以实现。

第四节 教育信息技术与计算机网络教室

计算机网络教室是目前国内各类学校广泛使用的一种网络教学系统，它利用网络技术和多媒体技术将若干台多媒体计算机及相关网络设备连接成一个小型局域网，集普通的计算机机房、语音室、视听室、多媒体教室等功能于一体，为提高教学质量、建构协作化学习环境创造了良好的技术基础。

一、计算机网络教室的系统构成

（一）硬件构成及分类

计算机网络教室的硬件构成主要包括服务器、多媒体教师机、多媒体学生机、交换机等。网络机房中教师机和学生机等网络设备的布局方式一般有普通教室型、U字型、小组协作型、综合型等。具体实施时可依据教学需要和教室的空间结构等因素设计摆放格局。

1.普通教室型

普通教室型计算机网络教室是在普通机房中安装一台投影机、一个大银幕及一台多媒体教师机。这种类型的网络教室大多用于以教师为中心的课堂讲授和演示，也可用于创设支持学生自主学习的情境。这种类型的网络教室结构简单，投资较少。

2.U字型

U字型计算机网络教室打破了普通机房的布局，将学生机布局为"两边机器靠墙，中间机器背靠背"。这样教室里可以有宽敞的过道，便于教师与学生交流，进行个别辅导。

3.小组协作型

小组协作型计算机网络教室是以方便学生开展小组协作学习为目的，依据教室的面积和结构，将若干台学生机布局成环状结构。

4.综合型

综合型计算机网络教室综合了普通教室型和小组协作型网络教室的优势，这种类型的网络教室既可以支持以教师为中心的课堂讲授和演示，又便于开展小组协作学习。

（二）软件构成

1.师生使用的操作系统

系统软件主要是师生使用的操作系统。服务器还应安装代理软件，使学生机用户可以通过服务器访问校园网或Internet。

2.网络教学系统

网络教学系统是指在计算机网络系统的基础上为开展网络多媒体教学所提供的控制系统，按照控制信号传输方式的不同，可以将计算机网络教室的教学系统分为以下两种类型：

（1）基于软件方式的多媒体控制

这种方式是在计算机局域网的基础上，利用专用的软件进行教学控制和数据传输，是目前网络教学系统的发展方向，常见的产品有HiClass、LanStar、四海多媒体网络教室、

红蜘蛛多媒体网络教室、赛思多媒体网络教室等。该方式无须额外的硬件设备,成本低,容易升级。但系统太依赖于操作系统及网络性能,因此在稳定性上稍有欠缺。

（2）基于硬件方式的多媒体控制

这种方式需要给每台计算机安装多媒体传输卡。在各计算机之间直接铺设多媒体线路传输音视频信息,配置专用的控制面板,用于教学控制。不过,基于硬件方式的多媒体控制费用较高,目前已逐渐被软件方式所代替。

二、计算机网络教室的功能

虽然计算机网络教室既有基于硬件的,也有基于软件的,但是从用户的角度来看,它的功能主要有教学功能、示范功能、交互控制功能、监视功能、学生控制功能、分组讨论功能、电子举手功能、快速抢答功能。此外,还有学籍管理功能、联机考试功能、专业化网络连接考试功能、媒体控制功能、数码录音功能、自动辅导功能等。

三、网络教室的典型类型——语言实验室

语言实验室又称语言学习系统,主要用于语言教学、训练和研究等,最早是由录音机、耳机等听觉设备与教师工作台组合而成的,如今已由最初的听音型语言实验室向视听型、网络型语言实验室发展。

（一）语言实验室的类型

语言实验室有很多不同的种类,常见的有以下四种类型:

1.听音型

听音型语言实验室只有单向语音传输功能,通常有两种组成方式:有线听音式、无线听音式。在听音型语言实验室里,教师通过控制台上的话筒进行讲授,而师生之间、学生之间不能进行互动,学生也无法检测自己的发音是否正确,但是其设备简单、使用方便,因此在教学中的应用比较广泛。

2.听说型

听说型语言实验室兼具放音和师生对话功能,师生均有耳机和传声器,一般还设有隔音座位。但是学生座位上没有录音机,所以学生无法自录,也就无法完成听说对比练习。

3.听说对比型

听说对比型语言实验室除师生能够对话外,学生可以录制教师播放的录音教材和自己的口头练习,以进行对比。

4.视听型

视听型语言实验室其实就是多媒体学习型语言实验室,它在听说对比型的基础上,

在多种多媒体教学软件的支持下，可同时播放幻灯片、视频等视觉信息，语言情景真实、生动。

（二）语言实验室的教学功能

基于网络教室的语言实验室具有多种功能和交互作用，学生可以选用不同难易程度的教材，教师通过监听学生的学习，有针对性地个别通话辅导，实现因材施教。由于多媒体系统具有交互性，可以直接进行双向交流，可以促进学生进行探索式、发现式学习，能创造一个不断提出问题的气氛，能充分调动学生学习的积极性。此外，语言实验室教学还具有即时反馈与评估的功能。具体而言，基于网络的语言实验室的教学功能在于其可以展开语音语调训练、听力训练、会话训练、句型训练、跟读复述训练、口译训练。

四、网络教室的发展趋势

（一）高校多媒体教室向智慧教室的转型

在时代的发展过程中，高校教育不断向智慧教育转型，在此形势下，多媒体教室成为必然的发展趋势。多媒体教室的应用实质上是智慧教室的转型，更是传统教室的创新。因此，需要在设计、构建过程中，充分考虑学校的可承载性，考虑教学资源、教学场所的适应性，以校园资源为基础，不断优化、智能化、信息化发展教学，选择适宜的智能设备、软件系统、管理模式等为高校实现现代化教学、立体化服务提供保障。

相比于传统多媒体教室，智慧教室具有更丰富的内容，不仅将学生融入为教师的一部分，同时将教师与学生联系在一起，为教育学习提供了全新的智能型学习环境，通过智慧型设备、智能化管理、创新化教学等保证教学活动有序开展。在智能化多媒体计算机网络教室中，设备是基础，为教学活动提供技术支持，呈现全面系统的教学内容，同时帮助教室完成教学任务。利用网络教室，可满足学生课下学习要求，通过提供大量的数据、资源共享等向学生推送所需资源包，实现智能化教学与练习。除此之外，在智慧教学多媒体计算机网络教室的应用过程中，管理员对系统的维修与保养，也有助于为正常教学提供保障，此时需要对机械设备进行日常维护，对资源不断检查更新，为教师教学提供辅助。因此，在多媒体计算机网络发展过程中，管理、教学、设备缺一不可，三大因素相辅相成。

（二）云桌面在网络多媒体教室中的应用

设计多媒体计算机网络教室的过程中，需要将系统的发展需求与现代化技术相结合，充分利用云桌面技术优化系统，通过桌面远程控制、服务器虚拟化等保证平台具有先进的、现代化的运作机制，利用新技术优化传统系统运作机制，实现对多媒体教室的现代化管理，有效解决系统运行中存在的问题。搭建云桌面虚拟平台时，需要合理设计虚拟化集群建设、桌面和应用交付控制平台、终端部署等系统。

虚拟化集群，是动态化管理、转化CPU、内存、磁盘等硬件资源，实现大量虚拟服务器的共同协作，进而大幅提升服务器的资源有效利用率，为系统的负载均衡、自动重构、动态迁移、故障隔离等提供安全稳定的服务器集群环境。

虚拟桌面交付控制平台可为系统提供可管理认证用户、控制桌面应用资源访问、创建虚拟桌面、监控桌面等功能，保障交付桌面资源成本可控、运行可靠。

终端部署通过向系统配备显示器、鼠标、键盘、瘦终端等基础硬件，保障系统利用的便捷性。瘦终端是对云终端的嵌入式操作设备，用户可通过鼠标、键盘等实现命名的发布，进而完成电子虚拟作业。

目前，网络教室的建立，提高了教学的有效性，通过进一步科学分析，在网络教室管理过程中，应该积极学习先进的信息化技术，从而通过技术的不断完善与融合，促使学生能够在网络教室中学习到更多实用性的知识，为日后发展奠定良好基础。

第六章 信息化教育资源的开发

当前，云计算、大数据、物联网、移动计算等新技术逐步广泛应用，经济社会各行业信息化步伐不断加快，社会整体信息化程度不断加深，信息技术对教育的革命性影响日趋明显。全面提升教育质量、在更高层次上促进教育公平、加快推进教育现代化进程等重要任务对教育信息化提出了更高要求，也为教育信息化提供了更为广阔的发展空间。

第一节 信息与信息资源

当前，云计算、大数据、物联网、移动计算等新技术逐步广泛应用，经济社会各行业信息化步伐不断加快，社会整体信息化程度不断加深，信息技术对教育的影响日趋明显。特别是"互联网＋"行动计划、促进大数据发展行动纲要等有关政策密集出台，信息化已成为国家战略，教育信息化正迎来重大历史发展机遇。全面提升教育质量、在更高层次上促进教育公平、加快推进教育现代化进程等重要任务对教育信息化提出了更高要求，也为教育信息化提供了更为广阔的发展空间。

一、信息

信息资源作为信息化体系中的六大要素之一，在信息化建设中占有极为重要的位置。"信息"一词的基本含义是指消息、音信。在信息论中，信息是指用符号传送的报道，报道的内容是接受符号者预先不知道的。当今世界，"信息爆炸""信息时代""信息社会"已成为时髦词语，传播于社会的各个角落。信息无处不在，无时不有。信息存在于自然界，也存在于人类社会，既来自物质世界，也来自精神领域。随着时间的推移，信息的基本内涵在不断变化，人们有关信息的概念也在不断地发展变化。同时，由于"信息"一词具有广泛的社会意义和很大的包容性，人们对它的理解和解释也不尽相同。迄今为止，人们对信息的定义尚无一个统一的概念。从人的主观认识角度看，信息是储存在人脑中的思想、观念、知识等形态。它既是每个具体人这一特殊事物属性的一种表征，又是外部客观事物属性在人脑中留下的印记，是物质反映属性的高级形式。从技术角度看，信息的概念体现在一切人造工程、设备的技术和有关技术的特性之中。信息既是这些人造客观事物的表征，也是人的知识、文化及艺术水平等属性的反映。从人工文化角度看，信息概念的实质在于它以某种编码形式储存或传输于某种介质之中，如：存储在书本、纸张上的文字信息，记录在唱片、录音带上的声音信息，印制在画报、照片、录像带上的图像（图形）信息，计算机系统中的各种数字、数据信息等。

对信息的直观而又通俗的理解就是"消息"，它总是伴随着一种传递的过程。在信息论中，发出信息的一方称为信源，接受信息的一方称为信宿。信息从信源到信宿的传递必然借助于某种物理手段，这种手段称为信道。信源产生某种物理量的变化称为信号，所要传递的信息就包含在这种信号中。通过信道，信宿感受到一种变化的物理量，就可以按照既定的规则破译出其中包含的信息。

二、信息资源

关于信息资源，人们有不同的理解和不同的看法。有人认为，信息资源是信息本身或信息的集合，但更多的人认为，信息资源是指信息生产者、信息和信息技术。因为信息资源与自然资源不同，它是人工生成的资源，没有信息的生产者就没有信息。信息的利用与开发要依赖于信息技术，所以信息是信息资源的要素之一，也只有在这个体系中才能更好地产生并实现其价值。这就是说，信息资源是信息生产者、信息、信息技术三要素组成的，其中，信息生产者是信息资源的基础。人们只有通过开发利用信息，才能表明信息资源的价值。信息是一个非常基本的概念，它在不同的应用场合有着不同的含义。因此，我们只能从特定的场合和按信息所代表的不同含义来理解信息资源的概念。在具体信息技术应用时，信息资源的含义比较窄，仅指数据资料中所包含的有价值的东西；但当信息资源处于与物质、能源相对应的位置时，它代表着广义的概念，信息资源强调的是一切非物质、非能源的资源。

（一）信息资源的特征

信息资源相对于物质资源和能量资源来说，主要有以下特征：

1.时效性

信息是不断地发展变化的，各种信息资源的效用都有一定的期限。与其他资源相比，信息资源的时效性更强。也就是说，一条及时的信息可能价值连城，而一条过时的信息则可能分文不值。

2.无穷尽性

信息资源产生于人类的社会实践活动并作用于未来的社会实践，而人类的社会实践活动是一个永不停息的过程。因此，信息资源的来源是永不枯竭的。

3.信息是可以传递的

信息总是处于流动过程中，信息的传递可以使信息资源短时间内、在较大范围内扩散，从而对经济、社会、科技乃至政治生活产生巨大影响。

4.信息是不能脱离载体而存在的

人的大脑是信息资源最重要的载体之一。语言、文字、图像、电子信号等都是信息的第一载体；而存储第一载体的物质如纸张、胶片、软盘等则是信息的第二载体。

5.信息可同时为众多的使用者所共有

信息可同时为众多的使用者所共有，即信息的共享性。例如，两个人各有一条信息，交换之后则各有两条信息。这就是信息的可共享性。信息的共享性使得信息资源能通过各种不同的传输渠道和手段加以扩散，从而为其使用者带来最大化的效益。

6.主导性

信息资源具有开发和驾驭其他资源的能力，不论是物质资源还是能源资源，其开发和利用都依赖于信息的支持。事实上，具体的物质和能量的形式都只是支持信息过程的手段。

（二）信息资源建设

所谓信息资源建设，就是人类对处于无序状态的各种媒介信息进行选择、采集、组织、管理和开发等活动，使之形成可资利用的信息资源体系的全过程。信息资源的开发利用是创造和生产新型的信息产品的活动，是信息资源交流服务的一种交流形式。应该说，任何能够改进和加速信息资源交流和利用的活动都是信息资源的开发利用。可利用是信息资源的重要特征，没有经过人类组织开发并能为人类所利用的信息不能称为资源。所谓可资利用，至少应包括以下标准：第一，资源丰富。没有一定的积累，资源很难满足人们的需求。第二，选择精良。即通过严格的鉴别、选择，去除可信度低、严重污染的信息，保证提供利用的信息具有较高的质量。第三，结构合理。即信息资源拥有合理的学科结构、文种结构、时间结构、等级结构和载体结构。第四，查询简便。为所选择的信息资源编制易学易用的检索工具和检索系统，提高资源的可获知性。第五，传递迅速。即使用者在需要的时候能够及时迅速地获得有关信息资源。

目前，人类社会正在快步迈入信息化时代，信息化时代的一个显著特征就是信息资源与物质资源、能源资源一并构成了国民经济和社会发展的三大战略资源，而且信息资源将成为最主要的战略资源。然而信息毕竟是一个静态的东西，它不会自动地为我们的经济发展做出贡献。如果不经过开发利用，信息知识只是可能的信息资源，而不是现实的信息资源。因此，我们必须对信息资源进行开发利用，使其成为名副其实的资源。近年来，信息资源开发利用的程度已日益成为衡量世界各个国家信息化水平的一个重要标志。一个国家、一个地区、一个企业生产力水平的高低、竞争力的强弱，在很大程度上也取决于资源开发利用的重要性。目前，信息资源的开发利用已成为我国信息化工作的核心任务和信息化建设取得实效的关键。然而，信息资源的开发利用也是我国信息化的薄弱环节。因此，我们必须充分应用现代化信息技术采集、处理、加工、传递和使用信息资源，增加信息产品和服务的内容和品种，提高信息产品的服务质量，以满足国民经济和社会发展不断变化的需要。

后互联网时代的信息资源环境对数据库时代的信息资源提出了三大挑战：首先是信息资源开发利用以资料为中心转向以人为中心。因此，信息资源系统的建设必须要以珍重人的注意力与时间为中心，要让人们在尽量短的时间内看到最重要的内容，而不能以资料为中心，让无关紧要的资料消耗人们极为宝贵的时间，使资料的阅览成为得不偿失的事情。其次是由汇集资料转向精选资料。在资料稀缺的环境下，数据管理工作的重点是收集资料，从某种意义上是资料越多越好。但是在互联网时代，突出的问题是数据的质量。互联网上的数据在按指数规律增长，这使得人们获取精品资料成为困难。最后是信息共享由信息化的理想地位降格为实现某种特定目标的工具。在数据库时代，人们是把信息共享当作一种理想化的目标来争取的，但是在互联网时代，信息共享进入需要认真权衡其实际效益与成本的时期。互联网技术环境及多种信息共享渠道已经创建了很多非正规的信息共享，这使得新的信息共享的启发作用下降。而过度的信息共享会带来成本的过度上升。人们将关注目标明确、效益成本结构清楚的信息共享。

信息资源开发利用的观念原是数据库时代的产物，尽管我国仍需要进行数据库的补课，但无可否认，今天的信息环境已远不是当时发明数据库的环境，我们必须根据当前的特定形势来调整信息资源开发利用的政策，精确、仔细地计算共享的效益与成本。

第二节　教育信息化的资源类型与特征

一、教育信息化资源的概念

教育资源是指应用于教育教学领域中，辅助教育者的教以及学习者的学，实现一定的教育和教学功能，促进学习者达到教学目标的各种资源。从广义上来讲，教育资源通常包括物质资源、人力资源、信息资源。信息化资源是伴随着互联网的诞生而出现的，它是指经过数字化处理，可以在多媒体计算机上或网络上运行的多媒体材料。它能够激发学生通过自主、合作、创造的方式来寻找和处理信息，从而使数字化学习成为可能。信息化资源包括数字视频、数字音频、多媒体软件、CD-ROM、网站、电子邮件、在线学习管理系统、计算机模拟、在线讨论、数据文件、数据库等。

通常所理解的教育信息化资源包括硬件资源和软件资源两种，这里狭义地将其定义为：教育信息化资源是经过数字化处理的、在信息化环境下运行且服务于教育教学的资源集合。教育信息化资源主要包括四个层次的含义：一是素材类教学资源建设（资源库类），主要分为题库、素材库、课件库和案例库四大类；二是网络课程库建设（网络课程类）；三是教育资源管理系统的开发（工具软件类）；四是通用远程教学系统支持平台的开发（平台软件类）。在这四个层次中，网络课程和素材类教学资源建设是重点和核心，工具软件和平台软件开发与应用是工具层次的建设，是针对课程形式进行的配套建设。网络课程和素材类资源的具体内容千变万化，形成各具特色，对应的管理系统和教学系统必须适应这种形式的变化，充分利用它们的特色。在这四大类别的资源建设中，网络课程和素材类教学资源应是建设的重心和核心，这四点有必要统一协调地一起发展，围绕课程谋求最大的融合。

在信息化教学系统中，教师的教学离不开信息化教学资源，学生的学习也离不开信息化教学资源。特别是互联网上的学习资源，更是为我们的学习和教育带来了根本性的变革。信息化教学不仅大大扩展了人们相互交流和获取知识的渠道，还为转变教育观念、变革教学模式提供了技术支持。众多的网络资源使学习者能够从更广的范围内检索所需要的任何信息，教师作为指导者和信息源的角色受到冲击，教师不再是学生唯一的信息源。在这样的教学环境中，教师最重要的职责应该是掌握获得信息的线索，从而为学生的学习提供支持和帮助。教师的角色，必须从知识的传播者向学习的引导者、帮助者方向转变。信息化教学资源的使用，不仅仅是教学手段的更新，更重要的是可以借此实现教学模式的变革，传统的教学模式强调以教师为中心，忽视了学生在学习过程中主体作用的发挥。信息化教学资源可以构建良好的自主学习环境，为调动学习者的积极性和主动性创造了条件。

二、教育信息化资源的类型

关于教育信息化资源的分类有不同的方法。

（一）按资源的来源划分

教育信息化资源可分为设计的资源和利用的资源两大类。设计的资源是指为教学或学习而专门设计、开发的多媒体数字化资源，如：教师根据自己的教学需要和教学目标的要求而设计的教学软件和数字化教案等。利用的资源是指那些本来并非为教学专门设计，但被发现可以用来为教学服务的资源，如：软件工具、电子百科全书及多种多样的网上信息资源等。作为教师，不仅要能够自己设计并制作所需的教学资源，更应该学会收集与整合各种利用的资源，为自己的教学服务。

（二）从资源的形态上划分

从资源的形态上，可把网上的教育信息资源划分为以下八大类：电子书籍、电子期刊、网上数据库、虚拟图书馆、百科全书、教育网站、虚拟软件库和新闻组。

（三）不同的信息化教学资源，在教学中有着不同的应用倾向

针对以信息技术为载体的教学资源而言，从结构化视角将其分类：第一类，良构化教学资源，指那些结构良好的数字化教学资源，它们构造规范、组织清晰，利用元数据进行归档管理，便于检索和利用。第二类，劣构化教学资源，指那些离散、格式不一的数字化教学资源信息，它们的结构形态低劣或不完善、无序化，如：教师的教学反思、教学案例等。这些资源大多是记录课堂教学的一个片段，没有统一的格式，比较零散，也不完善。第三类，半结构化（适构）教学资源，指介于良构与劣构资源之间的其他数字化教学资源。随着教学资源的开发，半结构化的教学资源深受一线教师的喜爱。半结构化教学资源虽然组织清晰，但也有待改善。无论是良构化教学资源、劣构化教学资源还是半结构化教学资源，均对教学资源的开发和使用起到积极的作用。

（四）根据内容相关性来划分教育中的软件资源

根据内容相关性来划分教育中的软件资源，划分为"内容特定""内容有关""内容自由"三大类。据此，将其进一步拓展到资源分类中，可以将信息化教学资源分为以下三类：内容特定的教学资源、内容相关的教学资源、内容自由的教学资源。

1.内容特定的教学资源

根据具体课程教学内容而特定设计的资源，如试卷、练习等。它们通常针对明确的教学目标而设计开发。

2.内容相关的教学资源

内容与课程有部分关系的资源，如：各种电子读物；或者是内容与课程有间接关系的资源，如游戏软件；或者是包含了课程之外的大量拓展内容，如电子百科。

3.内容自由的教学资源

实际上是一些用于支持普通学习活动的原始资源素材和工具性软件，主要包括原始素材、内容开放型网页等。

根据资源的表现形式，教育信息化资源可分为媒体素材、题库、课件与网络课件、案例、文献资料等类型。国家教育资源公共服务平台（以下简称为国家资源平台）是国家教育信息化"三通两平台"工程建设的两个重要平台之一，由中央电化教育馆负责建设与运

营。目前，平台的资源建设已形成了"征集、汇聚、共建、捐赠"四种重要机制，教育资源建设初具规模。国家资源平台是优质教育资源汇聚与应用的互联网大数据平台，建立科学的资源评价机制，是促进平台教育资源、用户与服务和谐发展的关键。国家资源平台把常用的信息化教学资源分为教学素材、教学课件、教学工具、网络课程、教育游戏、专题学习网站、数字教材、数字图书、教学案例、虚拟仿真系统十类。

三、教育信息化资源的特征

教育信息化资源的开发主要以多媒体技术为基础，共享主要以网络技术为支撑，因此，从技术角度来看，教育信息化资源普遍具有以下特征：

（一）可重复使用

教育信息化资源作为数字化资源，能永久存储于硬盘、U盘等存储设备，教师或学生获取资源后，即可永久保存，当需要时，即可重复使用。

（二）多样性

教育信息化资源通常是多种媒体的组合，各种视觉媒体、听觉媒体被综合应用于学习环境中，可以适应不同层次学习者的需求。

（三）工具性

教育信息化资源可以提供通信交流、知识重构的平台，成为学习者学习新知识、完成意义建构的认知工具。

（四）共享性

基于网络技术的支撑，教育信息化资源得以推广到全国各地，开发者将资源放置到网络共享平台中，全国各地教师与学生即可方便地下载使用。

（五）多媒体化

利用计算机多媒体技术，在教学设计理念指导下，将传统资源按教学需求以文本、图形、图像、动画、声音、视频等媒体形式进行组合重现，使资源的形式更加丰富，内容也更为直观生动，便于学生理解。

（六）可编辑性

教师在下载资源后，可根据教学需求利用计算机对资源进行二次开发，使其更符合教学需求。当然，这也要求教师具有一定的计算机知识基础。

（七）扩展性

学生和教师可以在原有教学资源的基础上进行补充、扩展，以适应不同环境的学习和教学的需要。

信息化学习不仅仅是教科书的学习，它还可以通过各种形式的多媒体电子读物、各种类型的网上资源、网上教程进行学习。因此，与使用传统的教科书学习相比，教育信息化资源不仅具有上述特性，还具有多媒体、超文本、友好交互、虚拟仿真、远程共享等特点。

从教学应用的角度看，教育信息化资源有利于个性化学习，有利于自主学习。丰富的教学资源结合大数据分析技术，能根据对每个学生的分析，实现资源的个性化推送，同时，便于学生自行定制学习内容，进行个性化学习。教育信息化资源的多媒体化，也带来资源强大的交互性，如：多媒体课件、在线评测题等都能为学生提供指导或反馈，使学生更容易自主学习。

第三节　信息化教学资源的收集与整合

一、信息化教学资源搜索方法

目前，网络上有几十亿的网页，有成千上万的信息化资源和信息化教学资源。要想在这么大的一个资源库中查找一条具体的信息，犹如大海捞针。为了能让人们方便地查找信息化教学资源，目前有许多查找信息的方法。这些方法可以分为两类：一类是有既定目标的查找；一类是没有目标的查找，而后者往往是指一种网上"冲浪"游戏。用户可以使用搜索引擎查找信息，不同类型的搜索引擎适用于不同的查找需要。一般来说，搜索引擎主要分为两大类，即传统的搜索引擎（包括根据主题和关键字进行搜索）和智能代理（Intelligent Agent）。

但是无论怎样，没有所谓最完美的搜索引擎。为了获得理想的搜索效果，最重要的是要选择合适的搜索引擎。

在信息化社会中，学习者能否占有信息、如何占有信息、占有信息的及时程度，是学习者学习能否成功的关键所在。学习者确定自己的信息需求，是其获取信息及加工信息的基础与前提。在信息化学习环境下，将信息技术作为信息获取的工具，是学习者发现与获取信息的一种良好途径。将信息技术作为信息获取工具，一般有以下三种途径：

（一）利用搜索引擎

通过搜索引擎，可以非常容易地查询和挖掘网络环境中珍贵的信息化教学资源。常用的网络搜索引擎主要有百度（http://www.baidu.com）、搜狐（http://www.sohu.com）、网易（http://www.163.com）等。

（二）利用各种类型网站

目前，互联网上有各种各样的网站类型，包括各类行业网站、教育网站、专业网站、主题网站、资源网站、个人网站等。其中，教育类的网站类型也十分丰富，如下面四类：

1.政府教育网站

如：中国教育和科研计算机网（http：//www.edu.cn）。

2.基础教育网站

如：中国基础教育网（http://www.cbe21.com）。

3.专业网站

如：中国数学（http://www.china-maths.com）。

（三）利用地区或学校教育资源库

教育资源库都是信息化教育资源的科学化、系统化的集合。高质量教育资源库具有教学针对性强、内容科学、实用性强、冗余度低等特点，建设高质量教育资源库有利于避免资源重复开发造成的巨大浪费和实现资源的高度共享。在学校校园网络环境下，利用学校内部教学资源库或著名教育资源库镜像，学习者可以从中查找或搜寻到所需的资源，完成问题解决，并从中扩大视野。教育资源库也为教师提供了丰富的、生动形象的课堂教学内容，帮助教师更好地实施与开展课堂教学，提升教学质量。

二、信息化教学资源的获取方法

（一）下载工具

网络上的信息化教学资源可以利用相关的下载工具进行获取。迅雷就是目前操作简单也较为常用的一款下载工具软件，当我们在网上发现需要的信息化教学资源时，可以点击所需的资源，并选择【用迅雷下载】。迅雷除了可以作为下载工具外，其搜索框也可以完成相应的搜索功能。

BT下载方式也是目前较受欢迎的下载工具软件之一。BT快速稳定，高速下载，且下载时占用很少的CPU，同时支持无限制多任务同时下载。它采用了多点对多点的传输原理，在下载的同时也提供上传。因此，利用BT下载时，下载的人越多，速度反而越快，BitComet是应用最广的BT下载软件。

（二）压缩与解压缩

一般从网络上下载下来的音频、视频、动画、课件等信息化教学资源多为压缩文件，对于压缩文件要使用压缩/解压缩软件解压缩后才能使用：对自己计算机里的资源进行备份时，无论是备份到其他的硬盘上，还是备份到移动存储器上，如果采用直接拷贝的方法往往要占用较大的空间，此时就要用压缩/解压缩软件对需要备份的资源进行压缩，然后再备份。常用的压缩文件格式有zip格式、rar格式，另外还有ARJ、CAB、LZH、ACE、TAR、GZ、UUE、BZ2、JAR、ISO等格式。压缩与解压缩常用的工具软件有WinZIP、WinRAR等。

（三）FTP 资源下载

FTP主要是用于提供对文件的保存、管理、传输等服务。我们可以利用IE浏览器访问网络上的FTP服务器，下载所需要的文件资源。基本使用步骤包括以下五个：

（1）在IE浏览器的地址栏中输入FTP服务器地址。

（2）IE浏览器就会将服务器的文件目录在窗口中列出来。

（3）选中要下载的文件或文件夹，单击鼠标右键，弹出下拉菜单。

（4）在下拉菜单中，单击【复制到文件夹】命令，会弹出【浏览文件夹】窗口。

（5）选择存储位置，单击【确定】按钮，所选文件资源就会下载到本地机器中指定的位置。

（四）将已有的教育资源数字化

虽然网络上的资源非常丰富，但是由于网络宽带的限制及检索技术的限制（视音频素材用基于关键词的方法检索往往难以确定其内容信息）等原因，我们往往难以找到自己所需的教学资源，尤其是大数据量的视音频素材，所以，利用现有的优秀资源并将之数字化是信息化教学资源的重要来源之一。第一，可将现有文档资料整理录入计算机成为数字化文档资源。将现存的书面文件和资料根据文本素材的内容类别，录入存储为电子文档。大量的电子图书、期刊、教案及其他文本资料都采用这种方式获得。第二，将现有图形、图像资料转化为数字化图形、图像资源。第三，将现有录像带和录音带转为数字化视音频资源。第四，现有试题录入到试题库中。利用一些资源管理工具或试题库系统将试题录入到计算机中，并保存到一些试题数据库中。试题管理系统可以用这些试题自动形成套题，也可以由用户自行选择形成试卷。

另外，也可以购买商品化光盘资料，或者组织人员按需编写与开发。

三、信息化教学资源的整合

大量的文本、图形、图像、音频、视频、动画等信息化教学资源素材的准备是制作多媒体课件和网络课件的基础。但是零散的、组织无序的信息化教学资源对信息化教学活动不会起到很大的促进作用，必须利用相应的课件开发工具，根据一定的教学目标、教学策略来组织、处理和统一管理这些文本、图形、图像、动画、视频、音频等信息化教学资源。信息化教学资源整合是指利用现代信息技术把分散的信息化教学资源根据特定的教学目的、教学内容及教学策略的要求，有机组织起来，使其成为一个整体。信息化教学资源整合的最终形式主要有演示型课件、网络课件、网络课程、专题学习网站、学科网站等。

虽然信息化教学资源整合的最终表现形式有很多种，但其设计与开发的流程或步骤是基本相同的。信息化教学资源整合的一般步骤主要包括需求分析、脚本设计、素材准备、课件生成四个环节。

（一）需求分析

在这个环节，设计者（教师）要全面了解将要整合的信息化教学资源运用的对象与环境，要确定课程学习者要获得的知识与技能，以及学习者必须具有开始课程学习的能力及将要达到的目标。需求分析环节的主要任务包括学习者分析、学习环境分析、教学目标分析、教学内容分析。

学习者分析：信息化教学资源整合是否与学习者的特点相匹配，是决定信息化教学资源整合成功与否的关键因素。进行学习者分析，目的是了解学生的学习准备和学习风格，以便为后续的信息化教学资源整合步骤提供依据。学习者分析就是要明确使用信息化教学资源整合的对象，包括他们的年龄、认知结构、阅读水平、教育类型及其他特性，如：个人爱好及学习风格等。

学习环境分析：学习环境分析就是要确定信息化教学资源整合在什么环境下使用，即应用的物理位置，如：是用于多媒体教室，还是网络教室；是用于网络环境下的学生"自主探究"学习，还是用于辅助教师进行演示。不同的环境和需求，会影响课件的功能、模块和表现形式的设计。

教学目标分析：教学是促使学习者朝着目标所规定的方向产生变化的过程，因此在信息化教学资源整合中，教学目标是否明确直接影响到教学是否能沿着预定的正确方向进行，也会影响到信息化教学资源整合的设计。信息化教学资源的整合要紧紧围绕教学目标来进行，要有助于达到预定的教学目标。

教学内容分析：教学内容是指为了实现教学目标，要求学习者系统学习的知识、技能和行为规范的总和。分析教学内容的工作以总的教学目标为基础，旨在规定教学内容的范围、深度和揭示教学内容各组成部分的联系，以保证达到教学最优化的内容效度。信息化教学资源的整合或开发强调要充分发挥信息技术的优势，要有助于解决教学内容中的重点和难点，有助于学生对所学内容的分析和理解。

（二）脚本设计

无论是演示课件、网络课件、网络课程的设计与开发，还是专题学习网站、学科网站的设计与开发，在设计工作完成后，都应把设计结果用文字形式表现出来，这就是脚本。脚本是信息化教学资源整合的直接依据。规范的信息化教学资源整合脚本对保证整合的质量水平、提高整合的开发效率具有积极的作用。信息化教学资源整合的脚本设计是信息化教学资源整合工作中的一项重要内容。

（三）素材准备

在信息化教学资源整合过程中，通常需要根据文字稿本和制作稿本的要求来准备素材。信息化教学资源整合的素材准备包括两个方面的工作：一是素材的采集；二是素材的制作加工。

（四）课件生成

根据脚本的要求和建议，并参考开发的软件原型，利用相应的课件开发工具集成符合教学需要的信息化教学资源素材，生成课件。课件开发工具就是用来组织、处理和统一管理文本、图形、图像、动画、视频、音频等信息化教学资源的系统软件。目前，各类开发工具很多，有演示性课件开发工具，如 PowerPoint 与 Authorware；有网络课件开发工具，如 FrontPage 与 Dreamweaver 等；还有网络课程开发和管理工具，如 Moodle（魔灯）等。

第四节　教育信息资源的设计与开发

一、多媒体教学软件的设计与开发

（一）多媒体教学软件的开发流程

多媒体教学软件的开发流程包括软件设计（选择课题、教学设计、系统设计、文字稿本编写、制作稿本编写）、软件制作（素材制作加工、软件编辑合成）、软件试用评价、产品修改出版等。下面重点说一下前面五个步骤：

1. 多媒体教学软件的选题

并不是所有的学习内容都适合于制作成多媒体教学软件，因此，在进行多媒体教学软件的选题时，要注重选择能够优化学习过程的题材。以下三个方面的题材（学习内容）比较适合于多媒体教学软件的开发：

①以个别化、自主式方式学习的学习内容；实践型、练习型的学习内容；在学习过程中需要交互作用、及时反馈的学习内容。

②学习内容难以用语言或单一媒体表达清楚的教学重点、难点，宜用多媒体形式。

③模拟以训练为目标的学习内容。多媒体教学软件具有很强的模拟功能，但是多媒体操作是用鼠标、键盘等来完成，还不能替代真正的实际使用器械的感觉，所以可以将模拟训练的多媒体教学软件作为复杂技能训练的前期训练，作为危险性、长周期或高代价类型的虚拟实验。

2. 多媒体教学软件的教学设计

编制多媒体教学软件必须重视教学设计，才能保证软件的质量。多媒体软件的教学设计是应用系统的观点和方法，分析学生特征（原有认知结构与能力），确定教学内容与教学目标（划分单元、知识点与目标层次），选择与设计多媒体信息（图、文、声并茂），建立教学内容知识结构（排列组合知识点的同级并列结构、不同级层次结构、非线性网络结构），设计形成性练习与学习评价（提问、应答、反馈）的过程。

3. 多媒体教学软件的系统设计

教学设计过程保证了多媒体教学软件的教学性和科学性的要求，明确了教学软件"教什么"及"如何教"和"学什么"及"如何学"的问题。但要充分发挥多媒体技术与艺术的优势，则需要对多媒体教学软件进行系统设计。多媒体教学软件的系统设计主要包括软件超媒体结构设计、导航策略设计和友好交互界面设计。

4. 多媒体教学软件的文字稿本编写

多媒体教学软件的文字稿本是按照教学过程的先后顺序描述教与学每一环节的内容及其呈现方式的一种稿本形式。一般由学科教师编写，要求体现教学设计理论，着重教学内容、知识结构的设计。

编写多媒体教学软件的文字稿本的步骤包括以下四个：

①编写简单说明，如：软件名称、学科名称、使用对象、使用方式、教学功能与教学特点等。

②划分教学单元、知识点与确定教学目标。

③建立知识点与知识点之间的知识结构。知识点之间的结构可分为并列知识结构、层次知识结构和网状知识结构。认清知识点与知识点之间的关系，就是为进一步确定知识呈

现的顺序、知识点间的链接等奠定基础。

④最后按多媒体教学软件文字稿本格式编写，选择多媒体信息类型与呈现方式。

5.多媒体教学软件分页面制作稿本的创作

多媒体教学软件的分页面制作稿本是体现多媒体教学软件的系统知识结构和教学功能，并作为多媒体教学软件具体制作依据的一种稿本形式。

（1）封页与封底设计

多媒体教学软件的封页，是多媒体教学软件开头部分的第一页图形界面，具有先入为主的作用，所以封页设计是十分重要的。封页通常要呈现多媒体教学软件的题目名称，题目的位置、大小、字体、颜色都要醒目、美观、规范。封页底图的图案修饰、色块色调要与教学内容和题目字体协调一致。

封底一般用来介绍制作人员、致谢、出版单位、购买地址及制作年月等。如果一页写不下，可以设计成翻页形式，多配以音乐。

（2）主页设计

多媒体教学软件的主页是多媒体教学软件的缩影。它一般包括主菜单、帮助、退出等信息。主菜单是多媒体教学软件主要内容（各单元或各章节）的目录。帮助信息可以是包括介绍软件的教学目标、对象、内容、功能等的导言，各种图标与按钮的使用说明，避免读者迷航的软件结构的说明文字或框架图等。退出信息一般包括退出功能和软件制作人员信息。主菜单或帮助、退出按钮，可以是文字的或图形的，又可以是显现的或隐含的。通过鼠标点击某一菜单就可以超链接到某一单元的主页。

（3）单元主页设计

多媒体教学软件单元主页的设计要求分析不同教学单元，设计教学功能相同的主模块，使各单元主页具有相对稳定的教学功能与设计风格。多媒体教学软件的单元主页版面布局可划分为多媒体教学信息呈现区、教学功能模块操作区与帮助提示导航区。

（二）多媒体教学软件的制作

多媒体教学软件的制作是由计算机软件制作技术人员与美工人员，根据多媒体教学软件的分页面制作稿本，首先用多媒体素材创作工具制作与加工文本、图形、图像、声音、动画、视频等多媒体素材，以数据文件格式存入计算机，然后用多媒体软件生成工具将多媒体素材编辑合成为一个多媒体教学软件。

1.多媒体教学软件素材的准备

在开发多媒体教学软件的过程中，通常需要根据文字稿本和分页面制作稿本的要求准备素材。多媒体教学软件的素材准备包括两个方面的工作：一是素材的收集；二是素材的制作加工。

多媒体教学软件素材的收集是指收集开发多媒体教学软件所需的多媒体素材，包括现成的图形、图像、照片、幻灯片、录像带、课本、杂志、音频等。

素材的制作加工，要注意以下几点：第一，设计文本字幕时，尽量选择丰满的字体，要根据字幕字数的多少选择字号，设定合适的字间距和行间距；字幕的色彩要与背景形成对比。第二，课件中适当地运用图片和动画。第三，在不影响教学要求的情况下，尽量采用经过压缩的素材文件，如：JPG、GIF、SWF等文件格式。根据教学的需要，在教学软件中可以适当地运用视频和音频，但是要考虑到空间的限制，不宜过多，而且要对它们进行压缩处理。

2.多媒体软件的编辑合成

利用多媒体软件生成工具，将符合教学需要的多媒体素材编辑合成为一个多媒体教学软件。它的作用是组织、处理和统一管理文本、图形/图像、动画、视频、音频等多媒体信息。多媒体软件生成工具主要分为三大类：程序设计语言、通用多媒体著作软件及学科专用的多媒体著作软件。

3.多媒体教学软件的调试与打包

多媒体教学软件的调试与打包是软件开发当中极其重要的一道程序，因为在开发软件的过程中，某一模块在一个小的范围内运行也许没有什么问题，但当放到整个软件这样一个大的范围运行起来也许就存在问题，如：章与章之间的响应热区是否重叠等问题。在每个章节里不会存在这样的问题，但对整个一门课程来说，可能就会发生冲突，这就需要我们在最后的调试阶段要特别仔细，不能有丝毫的差错。开发的软件规模越大，调试就越复杂。

当调试完成后就需要进行打包了。打包的好处就在于它可以生成一个可执行的文件，从而脱离开发环境而独立运行，例如，经过打包的多媒体教学软件可直接从光盘上启动运行。

二、网络课件的开发

（一）网络课件的设计原则

设计网络课件应遵循以下五个原则：

1.明确中心

基于网络的课件要以学生的自主式学习为中心，体现在学习内容、学习方式、学习时间的自我选择上。要为学生提供足够多的参与机会，同时又要发展和体现学生的原创精神。

2.明确主题

围绕主题进行有意义的建构，做到有的放矢。

3.明确任务

以"任务驱动"和"问题教学法"为学习主线，注重"协作学习"对意义建构的重要作用。学习者与周围环境的交互作用对学习内容的理解起着关键性的作用。

4.明确评价

采取积极多样的评价方式，强调学习过程和学习资源的评价，提供结构化的定量的评价标准，采用灵活多样的评价方式。

5.明确师生交流的平台

教师应该能够及时准确地把握学生的学习进程，并且发现问题时在课堂巡视中加以解决；教师应该能够及时控制课堂的发展，发现问题时，要准确控制好节奏，有力度、有特点地进行点评。

（二）网络课件的开发流程

网络课件的开发流程与多媒体教学软件的开发类似，都包括了确定选题、进行教学设计、系统设计、稿本的编写、素材准备、课件制作、试用评价和修改形成产品等过程，只是在具体环节上稍有出入。一般来说，网络课件的开发具体包括以下六个步骤：

1.总体设计

总体设计是设计过程中最重要的一环，它是形成课件设计总体思路的过程，决定了后续开发的方方面面。所以，总体设计要具有规范性，组织结构要具有条理性。

2.教学设计

设计网络课件时，要注重教学目标及教学内容分析；设计教学活动时注意情境创设，强调"情境"在学习中的重要作用；注意信息资源设计，强调利用各种信息资源来支持"学"（而非支持"教"）；强调以学生为中心，注重自主学习设计；强调"协作学习"，要注重协作学习环境设计；注重基于网络教学的策略设计。

3.软件设计

开发的网络课件要做到结构合理、开发技术先进、多媒体表现力强、多媒体元素配合协调，并考虑到对运行平台的兼容性。

4.界面设计

界面设计即对屏幕上将要显示的信息的布局进行设计，包括主菜单、不同级别的操作按钮、教学信息的显示背景、翻页和清屏方式等。界面布局要合理、风格一致、色彩搭配协调。文本设计、图片选择要美观大方，能激发学习者的学习激情。

5.编写相应的文字材料

完成课件的制作以后，还要编写相应的文字材料，如：软件的内容适合于何种程度的使用对象，软件的使用环境，软件适用机型，软件的使用方法，以及其他配套使用的文字材料等。

6.网络发布

由于网络课件直接运行在Internet或Intranet上，所以，必须考虑它在低带宽下运行的流畅性。常用的解决方法是采用"流"方式传输。

网络课件还应包括动态的外延，这是指教师在制作之前就应有大量与课程有关联的浏览数据，即必须大量获取在互联网上与教学相关的资料。要求在其制作的课例中预留一定的链接，或是一定的导航指引，罗列一些相关的网站为学生学习提供方便。

三、专题学习网站的设计与开发

专题学习网站是在网络环境下，向学习者提供大量与专题相关的学习资源，让学习者通过网络协作学习工具，围绕某一专题而进行较为广泛深入的探究、发现学习活动的一个数字化学习系统。目前，利用网络进行教学与学习的方式很多，利用专题学习网站进行"专题探索—网站开发"的学与教的实践，就是其中一种新型的网络教学模式。因而，专题学习网站的设计与开发成为基础教育领域信息技术与课程整合资源建设及开发中的一项重要内容。

（一）专题学习网站的教学设计

专题学习网站的教学设计就是要运用系统科学的观点和方法，围绕某项学习专题，收集某一门学科或多门学科的相关知识，按照学习者的特征合理地选择信息资源，并在系统中有机地组合，建立符合逻辑的知识体系，提供通信工具，实现网上交流，提供评测系统进行在线自我评价的过程。

一个专题学习网站的教学设计包括以下几项基本工作：网站的需求分析与功能定位、学习者特征的分析、学习专题和内容的选取、知识结构体系的设计、信息资源的选择与设计、自主学习的设计、协作交流的设计、学生评价系统的设计和网站评价的设计等。

（二）专题学习网站的开发过程

按照教育资源开发的一般程序，结合专题学习网站的特点，其开发过程一般包括资料收集、系统设计、编码实现、网站测试、使用推广五个阶段。

1.资料收集

按照网站建设的具体要求收集网站所需的资料，具体包括和专题学习有关的各种文字材料、图片、视频等各种素材，并按一定的教学策略进行分类组织。

2.系统设计

系统设计是对网站的整体规划，主要包括界面风格设计、导航设计、数据库设计等，这是网站开发的基础。

3.编码实现

按照系统设计的内容，可以选用网页制作工具，比如，Dreamweaver、FrontPage等，开发网站的静态网页；使用Access、MySQL等数据库系统软件，建立网站所需要的数据库；运用动态网站制作技术，如：PHP、ASP、Java等，编写动态的网站。

4.网站测试与完善

试运行网站，并请实验学校的老师和教学设计领域相关研究人员试用、测评，提出反馈意见，再对网站进行修改与完善。

5.使用推广

正式投入运行、使用。要注意的是，专题网站的开发要以先进的教育思想为指导，以培养学生的创新精神和实践能力、提高学生的信息素养为目标，选题新颖独到，内容丰富，有利于利用网络表达。专题学习网站的开发过程中师生要广泛参与，坚持资源建设与教学实验相结合。专题网站必须与教育信息资源建设规范接轨。专题学习网站不仅仅是学习资源的静态组合，应具有较强交互性，要建设动态的资源库，有理想的协作学习、自主学习、研究学习的环境，让学习者充分参与。

第五节　数字化学习资源的应用、整合与共享

一、数字化学习资源的应用

（一）数字化学习资源在课堂教学中的应用

1.展示教学内容

需要指出的是，课堂教学中并非要全部使用数字化学习资源，非数字化学习资源在课堂教学中同样具有独特的魅力和作用，学习资源形式的选择关键要看是否适合教学内容的传递与表达。

数字化学习资源在课堂教学中可以作为教师讲授知识点、演示、实验项目等展示的内容，通过教学课件、视频、音频等形式呈现。这种应用方式适合"传递—接受"的教学模式，适合教师对知识点的讲授，能很好地发挥教师的主导作用，这种应用模式在目前我国

的教育中仍然是主流。

2.创设学习情境

数字化学习资源的生动形象、现实模拟等特点让其在创设学习情境中有着得天独厚的优势。在低年级的课堂中，相比于传统资源，数字化学习资源的"有声有色""图文并茂"更容易吸引学生的注意力，调动其学习的积极性和兴趣。在高年级的课堂教学中，借助数字化学习资源创设学习情境，可以启迪学习者深层次的思考和认知，这里关注的重点不是"图文并茂"，而是资源内容的深度和广度。数字化学习资源的选择要全面而有重点，要把握课程教学需要，同时兼顾及时更新，能够把信息后面深层次的学习探究需要表达出来。

3.为自主学习提供支持

在自主学习中，学生可以根据个人的兴趣、爱好选择学习主题，这些学习主题未必就是书本所提供或者能够完全提供的，学生的学习内容需要扩展，数字化学习资源就成为其很好的补充。借助互联网进行的学习资源传递、共享，借助搜索引擎完成的资源搜索，借助相应的教学平台、课程中心提供的主题资料等能够很好地满足学生个性化学习的需要。值得注意的是，自主学习不意味着放任自流、无拘无束，利用数字化学习资源进行自主学习（尤其对于低年级的学生）必须强调教师的引导作用。

4.为协作学习提供支持

协作学习是通过将学生分成小组或团队的形式组织学生学习的一种方式。小组成员以2～4人为宜，每个小组都应有一个明确的学习目标，大家围绕这个目标，相互配合解决问题，完成学习活动。在协作学习中，数字化学习资源一方面扩充了学习内容，为学习活动的进行提供了大量可供选择的内容，组内成员根据分工可以选择性地关注某一方面的知识点；另一方面，数字化学习资源的数量和深度可以无限扩充、延伸，为学习的深入进行提供了可能。此外，相比于传统资源，数字化学习资源的传递轻松、快捷，组内成员信息交流的渠道更通畅。

5.为探究性学习提供支持

探究性学习通常包含五个环节：创设情境、启发思考、自主探究、协作交流、总结提高。在"创设情境"环节中，可以借由视频、图片、虚拟现实等数字化学习资源导入教学主题，启发学生的学习兴趣和动机，充分调动学生探究学习的驱动力和欲望。在"启发思考"环节中，教师根据创设好的情境提出启发性问题，引导学生思考，形成初步的学习计划方案，数字化学习资源的作用可以在这一环节弱化显示。在"自主探究"环节中，学生利用教师提供的认知工具和学习资源去收集与当前所学知识点有关的各种信息；学生主动对所学的东西进行评价整合；并在这一切基础上形成对当前所学知识的认识与理解（由学生完成对当前所学知识意义的自主建构）。在"协作交流"环节中，教师组织学生以讨论的形式开展小组内或班级内的协作与交流，通过将学习资源与学习成果生成数字化资源的方式完成共享，并借助数字化手段将交流过程的结果保留。在"总结提高"环节中，通过师生评价、学生自评等多种方式的结合，完成对探究问题的总结、归纳，得出结论，并将结论用于指导实践，以利于进一步提高，可以要求学生将结论用于新问题的解决和新内容的学习中。

（二）数字化学习资源在新型学习方式中的运用

1.混合学习中数字化学习资源的应用

混合学习就是既包含传统学习方式的优势也包含数字化学习方式的优势，在这个过程中既要发挥教师的引导作用，也要兼顾学生的自发性与主体性。目前，国际教育技术界的共识是，结合二者的优势并很好地利用，从而使学习效果趋于完美。混合学习强调把传统学习方式的优势和数字化学习的优势结合起来，充分发挥教师的主导作用和学生的主体地位。课堂教学的人性化弥补了数字化的冷漠，而数字化学习为研究性学习的进行提供了相对更为广阔、自由的学习环境，能够充分发挥学生的主动性，两者相得益彰。

2.移动学习中数字化学习资源的应用

随着数字化学习的深入开展、移动计算技术和移动通信技术的融合，基于移动技术的各种移动显示终端逐渐被引入数字化学习中，学习机、手机、平板电脑等多媒体终端逐渐被引入教育系统中，并充当了移动学习的重要工具。"移动"一方面指学习者处于移动之中，学习环境也是不断变化的；另一方面，学习设备和学习资源也处于"移动"的状态。针对这种情况，有必要选择快捷简单、省事省时的学习设备。

移动学习的进行完全依赖数字化学习资源，数字化学习资源的建设成为移动学习的核心内容之一。

就资源的内容而言，移动学习的数字化学习资源包括基于互联网的所有资源，这些资源通过手机、笔记本电脑等移动设备连入互联网即可访问。另外，还有大量特有的、专用移动学习资源，基于不同类型的移动学习设备研发，有利于发挥其移动学习的功效。

就资源的应用而言，移动学习的数字化资源，一方面可以和传统课堂结合，作为课堂的组成部分之一，共同帮助学生完成知识建构，完成信息技术和课堂的整合，提高课堂的学习效率；另一方面，也是其主要的应用方面，可以作为学习者课余学习、业余学习重要的学习对象，学习者可以方便地利用移动设备进行个性化的学习。

3.泛在学习中数字化学习资源的应用

泛在学习是普适计算环境下的学习方式，是一种任何人可以在任何地方、任何时刻获取所需的任何信息的方式，是允许学习者可以随时随地使用自己可以找到的移动设备来进行学习活动的4A（Anyone、Anytime、Anywhere、Anything）学习。

知识越来越受到人们的重视，"终身学习"的概念也越来越深入人心，泛在学习可以让不同阶层、不同年龄的每一个人获得源源不断的学习机会，从某个意义来说，泛在学习为"终身学习"提供了实现的环境和基础。泛在学习时代的到来将有利于终身学习社会体系的构建，同时，泛在学习对学习资源有更高的要求。

二、数字化学习资源的整合

（一）数字化学习资源整合的主要方法

1.基于OPAC系统的整合

OPAC（Online Public Access Catalogue）即联机公共检索目录，是一种通过因特网对馆藏资源进行检索的工具，也是读者查找图书馆资源的主要途径。它不仅整合传统书目信息，而且将传统书目信息与电子全文期刊、电子全文图书及视听资料建立链接，将书刊与其评论信息、来源信息建立链接，从而形成以纸质资源为核心，向全文、目次、文摘、书评、音频、视频等多媒体信息资源扩展的更全面的资源体系。

2.基于资源导航的整合

基于资源导航的整合是比较成熟的一种整合方式，它实现了不同来源的数字资源按照学科、主题、资源类型等进行组合，为用户提供导航。根据整合的资源类型多少，可以分为整体导航和部分导航。整体导航是通过整体的资源，将所有的资源当作对象，为用户导航；部分导航只是对其中的一种或者一部分导航。导航整合通常只能提供数字资源的浅层次服务，不能提供其表达主旨上的服务。因而导航形式的资源整合是数字资源整合的过渡期。

3.基于跨库检索系统的整合

基于跨库检索系统的整合是导航整合的进阶，它是检索界面的整合，在求知人查询后表现为共享众多资源的整合，即实现对分布式资源的"一站式"访问。基于跨库检索系统的整合模式实现的是在多个数据库内的统一检索，为不同资源访问提供统一的检索入口，但这种整合系统受到不同数据库系统搜索引擎的限制，不易实现。在跨库整合检索中，分布式检索系统是比较理想的模式，但实现起来需要较大范围的协作、需要遵循必要的元数据标准及互操作协议，因而存在一定的困难。

4.基于链接的整合

基于链接的整合是将图书馆所有的资源通过参考引文知识连在一起，形成一个具有内在联系的有机系统，主要提供基于内容层面的知识服务。换句话说，就是利用网络超文本链接特性，将所有资源串在一起，使其形成一个有联系的网络，这样用户就能更快捷地找到自己所需要的数字资源。

5.基于知识管理的整合

知识管理包括启发、包装、管理及知识在各种形式下的重用，"是一种基于知识本体和语义的信息集成，基于本体的知识网格为用户提供基于语义的服务，大大提高了信息加工和服务的知识含量，为知识创新提供了坚实的基础"。知识管理的服务系统为输入、输出参数和类型定义了良好的接口，涉及服务和客户。服务提供者并不将他们的服务向所有人开放，因此，由一个中央服务器提供语义服务门户，允许服务提供者制定自己的访问政策。它还提供一种简单的、语义驱动的方法调用服务，不论接口来自任何一个访问点位。

（二）数字化学习资源整合的技术

1.分类技术

（1）智能自动分类

智能自动分类技术有三个突出特点：一是立体性，对文本内容可以从不同方位进行考察，从而找出侧重点不同的信息；二是动态性，指分类法可以灵活地随信息内容概率的分布而进行改变，努力做到分类法的树型结构达到平衡，能更加高效地体现快捷性能；三是面向用户性，指分类系统的实时调节能力，即"自动分类系统本身的识别用途，能够根据用户的需要，在用户指导下对分类体系做出各种人性化的调整，以满足用户的需求"。

（2）分众分类

分众分类即自由分类法，是Web 2.0的重要特征。它依据人们生活中常用词汇对信息进行标记，其结果表现为系列的标签总图，给人一目了然的感觉，在组织和共享信息方面的便捷性都得到了很大的提升，在数据库浏览、热点聚类、个人信息组织方面可以提供更加切实有效的方法。

2.知识管理技术

（1）本体和语义

本体本来是一个哲学性的概念，是研究实体存在及其本质的通用理论，后被引入人工智能领域。它定义基本词汇及它们之间的关系，组成主题领域的词汇表及将它们结合在一起成为的规则体系。其中，对象代表概念或知识领域中的实体；属性揭示反映对象的特性或值，或者是对对象的某种限定；关联则代表实体对象之间存在的关系、联系，包括概念定义、等同/同义关系、层次关系、相关关系等。这些关联将本体有机地连接成为一个具有语义的整体。本体论在Web上的应用直接导致了语义Web的诞生，试图解决Web信息共享中的语义问题。

语义是指"数据（符号）"所指代的概念的含义，以及这些含义之间的关系。语义通过人类赋予与计算模型两种途径产生。根据实体资源（如：文本和图像）来产生语义是一个很有难度的任务。基于统计的聚类分析、共词分析、信息抽取和挖掘技术可以帮助实现语义的自动抽取。语义网是按照机器可理解的词汇链接起来的网页信息的全球数据库，它能使网络链接资源并且提供人性化的对话服务。语义 Web 的目标是使得 Web 上的信息具有计算机可以理解的语义。

（2）叙词与叙词表

叙词（描述词或叙述词）是主题词的一种，是一些以概念为基础的、经过规范化的、具有组配性能、能显示词间语义关系和动态性的词或词组，是描述文献主题的一种标志符。

叙词表是使用最为普遍、发展最为充分、最具有典型性的主题标引工具。作为一个规范化的词汇集合，它以概念为基础，在对词汇进行严格控制的基础上，形成表达概念间等同、等级、相互关系的词汇集。

（3）分词技术

网络信息极为丰富，但也存在着大量芜杂信息，信息过滤不可避免，实现信息过滤需要进行文本处理，文本处理就要利用分词技术。英语、法语等欧美语言在书写时以词作为基本构成单位；而汉语在书写时以一大串汉字的字符串作为基本构成单位，这就导致从形式上无法表达其中概念。因此，中文信息处理的特有问题就是如何将汉语的字符串分割为合理的词语序列，切分成一个一个单独的具有实际意义的词，即中文分词。

3.互操作技术

网络教育资源及其所处环境之间存在许多异种异构的特性，如：软硬件系统的冲突、媒体格式的异同等。对此，要找到一种更加完美有效的方法来解决上述的问题，而互操作技术恰好能够切实有效地解决这些问题。

第七章　信息化教学过程的实施

　　信息化是当今世界经济和社会发展的大趋势，以多媒体和网络技术为核心的信息技术已成为拓展人类能力的创造性工具。在这样的环境下，教学作为人类的一项目标明确的活动，是在教师教与学生学的统一过程中实现的。在信息化时代，教学过程的实施出现了新的变化和特点，所以，对教学目标与教学内容的前期分析、网络课程与智能学习系统的开发、教学媒体与教学手段的选择、信息化教学评价、信息技术与课程整合进行系统的研究迫在眉睫。

第一节　教学目标与教学内容的前期分析

一、教学目标的前期分析

（一）教学目标的概念与分类

1.教学目标的概念

　　教学目标（或学习目标）是对学生通过教学后应该达到的行为状态的具体而明确的表述。这里所说的"行为状态"指的是学生的学习结果，所说的"具体而明确的表述"是指目标表述应达到可观察和测量的程度。

　　通过学习需要分析所确定的目标，是统贯教学活动全局的一种指导思想，是对教学活动的一种原则规定。整个教学过程一般是由若干等级不同的小过程组成的。每个小过程都有自己的具体规定。因此，教学目标是一个多层次的目标体系。

2.教学目标的分类

　　教学目标可分为课程教学目标、单元教学目标和课堂教学目标。课程教学目标是指通过一门课程教学所要达到的教学要求；单元教学目标是指通过一个单元教学所要达到的教学要求；课堂教学目标是指通过一堂课的教学所要达到的教学要求。这三类目标在具体的教学设计活动中都指导着教师和学生的教与学活动。

（二）教学目标的功能

1.导向功能

教学目标能够引导教学的方向。其导向作用表现在以下三个方面：一是教学目标能使教学活动不至于陷入盲目的状态，而有助于使教学活动自觉地进行；二是教学目标能够使教学活动集中于有意义的方向，而避开无意义或者不符合预定方向的事物，有助于有意义的结果的达成；三是教学目标能够提高教学活动的效率，使教学活动取得事半功倍的效果。

2.激励功能

教学目标能够对师生产生激励作用。从学生的角度看，教学目标在激发学生学习动力方面的功能是十分明显的。首先，当教学目标与学生的内部需要相一致时，学生为了满足内部需要，就会为达到目标而努力；其次，当教学目标与学生的兴趣相一致时，这种教学目标就能够激发学生的学习活动，为实现目标而努力学习；最后，当教学目标的难度适中时，这种教学目标能够较明显地起到激励学习活动的作用。从教师的角度看，由于教学目标是清晰而具体的，所以教师每一次教学工作之后，都能够及时地了解目标达成的情况，看到学生的发展变化和不断进步，这有助于教师及时地肯定自我，增强自信心。

（三）教学目标的编写

1.ABCD编写方法

一个教学目标应包括行为、条件、标准三个基本要素。这种三要素模式比用传统方法表述教学目标明确而具体，至今仍为教育界所接受。因为它能清楚地告诉人们，学生将获得的能力是什么，如何观察和测量这种能力。

在教学设计的实践中，有的教育研究者认为有必要在三要素的基础上，加上对教学对象的描述，这样，一个规范的教学目标就包括四个要素。为了便于记忆，学者把编写教学目标的基本要素简称为ABCD模式。

ABCD模式编写法，基本上反映了行为主义的观点，强调用行为术语描写教学目标。它包含的四个要素是：教学对象、行为、条件和标准。

（1）有关教学对象的表述

教学对象是教学目标的构成要素之一，教学目标表述的是教学对象的行为结果。由于各个年级、各种学生所表现的行为可能不一样，因此有必要在教学目标中注明特定的对象。

（2）有关行为的表述

本项构成要素是指学生通过学习能够完成的特定并可观察的行为。对学生的行为描述要采用精确、具体的行为动词，如："操作""说出""列举"等。在这些动词后面加上动作的对象，就构成了教学目标中有关行为的表述：

（能）操作机器；

（能）说出十二生肖；

（能）列举选择教学媒体须考虑的要素。

（3）有关条件的表述

条件表示学生完成规定行为时所处的情境。它一方面说明了学生应该在什么样的情境中完成目标所规定的行为；另一方面又说明了应该在什么样的情况下评价学生的学习结果。

良好的教学目标应尽可能地包含实际的有关条件，使学生能在适当的操作环境里证实其行为结果。

（4）有关标准的表述

此项要素是指行为完成质量的可接受的最低衡量依据，表明了行为合格的最低标准。教师可依据标准来评估学生完成目标规定的行为质量，学生可用它判断自己的行为是否达到了学习目标。教学目标的可测量性特点，要求在编写时对学生的行为进行具体的描述，而且要从教学内容的实际要求和大多数学生的实际状况出发，确定程度的标准。

2.内外结合的编写方法

行为目标虽能避免目标表述的含糊性，但它只强调行为结果，未注意内在的心理过程，会引导人们只注意学生外在的行为变化，却忽视了内在的心理变化。而且在教学中还有许多心理过程无法行为化。而学习的真正目标又主要是使学生内在的能力或情感发生变化。为了兼顾学生内部心理过程的变化和可观察的外在行为的变化，有人提出了采取内外结合的方法来表述具体的学习目标。

在编写教学目标时，先用描述学生内部心理过程的术语表明学习目标，以反映学生理解、应用、分析、欣赏、尊重等内在心理变化，然后再列举出一些能够反映上述内在变化的行为表现样例，使得学生内在的心理变化也能够观察和测量。在列举行为的变化时，仍可采用ABCD法。

比如，培养学生热爱班集体的态度：积极参加班集体组织的各项活动；支持有利于班集体利益的建议；帮助有困难的同学；积极承担班委会布置的任务。"热爱班集体"的态度是难以直接测量的，根据列举的行为，如果学生表现出积极持久的姿态，就说明学生树立了集体观念，否则便是没有达到教学目标。

此种方法强调列举出能力方面的例证，既避免了用内部心理特征表述目标的抽象性，又防止了行为目标的机械性和局限性，而且还避免了严格的行为目标只顾及具体行为而忽视内在心理过程的变化，也克服了用传统方法陈述教学目标的含糊性。

二、教学内容的前期分析

（一）教学内容的选择

在我国各级学校，各门课程的教材都是预先选定的。尤其是中小学，大都使用统编教材。这些教材都是由学科专家和专门人员编写，经过相应的教材委员会审定的。所以，我们对教学内容的选择就变得比较简单，只须对选定的教材内容进行分析、研究、组织和编排就可以了。

一般课程都分成若干个单元，每个单元可能由几章或几课组成，有时一章就是一个单元；单元下面设项目，就是通常我们在教材中见到的"节"或"课"；而在项目下，一般分设知识点，它有时和教材中的"目"重合，但很多情形下，需要在认真分析、研究教学内容的基础上加以确定。

通过选择与组织单元，可确定课程内容的基本框架。随着学科的特点不同，所进行的单元划分也不同。一个单元的内容有相对的完整性。单元实质上反映了课程编制者或教师对一门学科结构的总的看法，以及在此基础上对这种结构按教学要求所做的分解和逻辑安排。

（二）教学内容的编排

教学内容的编排是指对已选定的学习任务进行组织编排，使它具有一定的系统性或整体性。

在具体编排或安排教学内容时，要注意遵循下面的基本原则：

第一，从已知到未知，由具体到抽象。如果学习的内容与学生认知结构中的概念不能产生从属关系，就应遵循由浅入深、由易到难、由具体到抽象、由简单的从属技能到复杂技能的原则，排成一个有层次或有关联的系统，使前一部分的学习成为后继学习的"认知固着点"。

第二，由整体到部分，由一般到个别，不断分化。对于以掌握科学概念为主的学习内容，应把基本原理和概念放在中心地位，先陈述最一般、最概括的观点，之后按内容的具体性不断分化，呈现细节和特例。

第三，注意学习内容之间的横向联系。教师在安排学习内容时，出于对知识结构本身特点的考虑，一般较为注重学习内容之间的纵向联系，而忽略内容之间的横向联系。学生在理解新知识时，须将新知识与自己认知结构中已有的知识进行比较才能完成。从横向加强概念、原理、单元课题之间的联系，注意知识、技能、情感各部分内容之间的协调与衔接，可以促进学生融会贯通地去学习。尤其是对那些相对独立的学习内容，更应注意与其

他内容之间有无横向联系。

第四，按事物发展的规律排列。如果学习内容涉及的事物是按年代发展的，就可以通过向前的、进化的、按年代发展或从起源出发的方法进行排列。这种组织方式与客观事物本身发展的顺序相一致，符合事物的运动变化规律，能使学生对事物的发展过程有较为全面的认识。

（三）教学内容的分析方法

1.归类分析法

归类分析法主要用于对各种言语信息的分类。确定分类的标准后，可把实现教学目标需要学习的知识归纳成若干方面，从而确定教学内容的范围。

2.层级分析法

层级分析法是利用教学目标的层次关系，对教学内容进行分析的一种方法。它揭示了为达到教学目标必须学习哪些知识和技能。层级分析法采用自上而下的分析方法，从最终教学目标向下一级分析，直至最基础的教学内容；而实际进行教学时，则是从下而上，从实现最基础的教学目标开始，逐级实现高级教学目标。

3.信息加工分析法

信息加工分析法又称程序分析法。它是对学生学习后的终点行为——教学目标进行分析，以揭示顺利完成该目标所具有的外显和内隐的过程。

第二节　网络课程与智能学习系统的开发

一、网络课程的开发

（一）网络课程的内涵

1.网络课程的含义

网络课程是通过网络表现的某门学科的教学内容及实施的教学活动的总和，它包括两个组成部分：按一定的教学目标、教学策略组织起来的教学内容和网络教学支撑环境，其中网络教学支撑环境特指支持网络教学的软件工具、教学资源及在网络教学平台上实施的教学活动。从大课程观的角度来说，网络课程是一个大的概念，网络教学则是一个小的概念。教学与课程的实施环节相对应。在网络教育中，常常将网络课程当作是有机组成部分来设计的，并且，网络课程除了明确了教学内容，还规定了实施网络课程的形态，在很大的程度上对网络教育的质量具有决定性作用。

2.网络课程的特点

网络课程能充分发挥网络教学的优势，具备多种特点。其中，开放性、交互性、共享性、协作性、自主性是最突出的优点。

开放性是指网络课程的体系和内容能够让教师方便地进行调整和更新；交互性是指网络课程不仅可以进行人机交互，更重要的是教师与学生之间、学生与学生之间也可通过网络实现人与人之间的交互；共享性是指网络课程要通过链接等多种方式引入丰富的动态学习资源，从而可实现最大范围的、跨时空的资源共享；协作性是指网络课程可以让教师、学生通过讨论、合作、竞争和角色扮演等多种形式共同完成一个确定的学习任务；自主性是指网络课程以学生自主学习、自主探究为主。

（二）网络课程的类型

1.基于教的网络课程

基于教的网络课程类似于早期的电视教学，早期的电视教学是学习者通过观看电视来进行远程学习的，目前基于教的网络课程是学习者通过观看网页来学习课程内容——课程内容通过网页浏览器播放，网页的左上方为教师的讲课录像，左下方为章节简介，右边为教师的讲稿内容。这类课程由于视频文件比较大，更适用于宽带上网的学生学习。

2.基于学的网络课程

基于学的网络课程是完全基于Web技术并按照一定的技术规范来编写的多媒体网络学习课程。这种网络课程为学生提供庞大的资源库，支持自主学习，并提供个性化学习空间和一定的协作交流空间；其学习内容及学习形式灵活多样，适合学生在任何时候、任意地点使用网页浏览器进行自主学习。

基于学的网络课程要求学习者具有一定的自主学习能力。通过网络课程提供的大量相关资源并借助一定的协商交流工具，学习者可以实现自我提高。

3."主导—主体"相结合的网络课程

"主导—主体"相结合的网络课程是指学生既可以接受教师的实时面授教学，也可以利用局域网或互联网点播视频课程或网络课程，并和教师通过互联网进行实时讨论、答疑的一种课程模式。

"主导—主体"相结合的网络课程有如下特点：

①是目前高等学校常用的一种网上课程。

②除安排授课教师外，通常还配备有一名或数名网上辅导教师。

③既有教师的面授教学，同时又把网络课程作为课堂辅助教学使用和课后巩固复习使用。

④学生除进行自主学习外，还应有授课教师面授辅导或视频辅导的机会。

（三）网络课程开发的基本过程

1.确定教学大纲

教学大纲是以纲要的形式给出学科的内容、体系和范围，教学大纲对于教学工作有着非常直接的指导意义，它不仅是教科书编写的依据，而且可以作为检查教学质量的标尺。

一般而言，教学大纲包括说明、正文和实施要求几个部分。如果开发的网络课程已有现成教学大纲，应尽可能选用现有大纲。如果没有的话，需要重新编写一个，编写的大纲要经过学科专家审查。

2.确定教学内容

确实教学内容是指根据教学大纲，编写配套的教材、练习题集及实验手册。如果已有优秀教材，应尽可能选用。教材的内容应具有科学性、系统性和先进性，表达形式应符合国家的有关规范或标准。

3.总体设计与原型实现

总体设计与原型实现要求首先选择一个相对完整的教学单元，并设计出该教学单元的软件原型，通过原型设计，确定软件的总体结构，包括界面形式、导航策略、素材规格及脚本编写所遵循的教学设计思想。

4.脚本编写

脚本描述了学生将要在计算机上看到的细节，它在网络课程设计中占有非常重要的地位，既是设计阶段的成果，又是进一步开发和实施阶段的依据。从其内容来看，它是网络课件中教学内容和教学方法的体现，而不是课本或教案的简单复制。网络课程脚本编写的具体要求与多媒体教学软件的脚本编写类似，在此不再赘述。

5.准备素材

根据脚本的要求，应准备所需要的素材。声音和视频素材可通过录音和摄像获得；通常这些素材保存的是模拟信息，须经过模数转换才能使用。

6.课件开发

根据脚本的要求和建议，并参考已开发的软件原型，利用课件开发工具集成课程内容，形成网络课件，然后进行界面设计和制作（对屏幕上将要显示的信息的布局进行设计），包括主菜单、不同级别的操作按钮、教学信息的显示背景、翻页和清屏方式等。

7.教学活动设计

教学活动是网络课程的核心内容。在一门完整的网络课程中，至少需要设计如下教学活动：实时讲座、实时答疑、分组讨论、布置作业、作业讲评、协作解决问题、探究式解决问题。教学活动的具体安排，应根据课程内容确定。

二、智能学习系统的开发

（一）智能导师系统的开发

我们将具有某一领域的学科知识和相关的教学功能、可对学生进行个别化教学，能根据学生对知识的理解掌握程度，选择相应的教学策略，在一定程度上模拟人类教学专家进行教学活动的软件系统称为智能导师系统。

一个完整的智能导师系统由三个基本模块组成：一是领域知识模块（又称知识库），它包含了系统将要传授给学生的知识；二是学生模型，它指明学生已具有的知识和尚未有的知识及学生的认知特点；三是教师模型（又称教学策略模块），主要是提供有针对性的教学策略。

（二）智能代理教学系统的开发

智能导师系统强调辅助教师的"教"，利用"学生模型""教师模型"和"领域知识模块"等，帮助教师实现因材施教和进行有针对性的指导，而没有很好地考虑如何帮助学生自主地"学"。智能代理技术正是在这样的背景下，为弥补导师系统的缺陷而逐渐被教育技术界所关注的一种实现智能化教学的新技术。

一个智能代理系统通常由用户界面模块、学习模块、任务计划模块、操作系统接口模块、执行模块、知识库及中央控制模块组成。其中，中央控制模块处于核心地位，控制着其他所有模块。

（三）智能超媒体教学系统的开发

智能超媒体就是将人工智能技术与超媒体（Hypermedia）的信息组织、管理方式结合在一起而形成的智能型知识（或信息）处理技术。

智能导师系统中具有领域知识模块、学生模型和教师模型等，不但可以理解领域知识，帮助学生解决问题，而且还能了解学生的学习能力、当前的知识水平及应该达到的教学目标，做到因材施教。但是智能导师系统并不尽如人意，主要表现在界面呆板单调，不能激发学生的学习兴趣和动机。此外，智能导师系统中计算机导师控制着学习的每一个步骤，试图跟踪学生的每一步思维，这种以计算机导师为中心的个别化教学模式由于忽视了学生的主动性，因此并不总是成功的。而超媒体学习环境能利用多媒体信息，为学生提供活泼友好的界面，因而容易激发学生的学习兴趣和动机，并给予学生学习最大的自由度；但由于系统并不理解知识内容，也不了解学生，因此在学习过程中学生不一定能学到最重要、最有用的知识，也不知道如何找到想要的信息。此外，超文本结构容易使学生"迷航"（不知道当前节点在整个知识网络中所处的位置），这说明完全由学生控制学习过程也不一定有利于学习。智能超媒体教学系统则可综合两者的优点，弥补各自的不足。

在智能超媒体教学系统中，智能导师系统可以利用超媒体提供的友好界面来激发学生的学习兴趣和帮助形成动机，同时可利用超媒体向学生提供图文声像并茂的解释信息；而超媒体模块则可利用知识推理技术实现教学内容和策略的适应性控制，对学生进行有针对性的指导。当前，智能超媒体教学系统的研制和开发已成为多媒体教育应用领域中一个重要的前沿课题。

第三节　教学媒体与教学手段的选择

一、教学媒体的选择

（一）教学媒体的含义

媒体，又称为媒介、传播媒体，是指信息传播过程中，从信息源到接受者之间携带和传递信息的任何物质工具。

教学媒体是指在传播知识、技能和情感的过程中，储存和传递教学信息的载体。教学媒体按照媒体作用的感官可分为视觉媒体、听觉媒体、视听觉媒体、交互媒体及多媒体系统。

（二）教学媒体的分类

1.视觉媒体

视觉媒体指发出的信息主要作用于人的视觉器官的媒体。它主要包括文本信息、图形图像、动画、实物教具和模型。

（1）文本信息

文本是指以文字和各种专用符号表达的信息形式。在众多的教学媒体中，文字一直被认为是最基本、最重要的成分。例如，印刷的教材。文字教材是教学信息的重要载体，是进行学校教学的重要媒体形式之一。

文本信息具有呈现的教学信息稳定、持久、价廉易得，承载的教学信息系统性、逻辑性较强等优点。但是文本信息要求使用者必须具备基本的读写能力和阅读技能，否则无法有效地利用教材进行学习。此外，文字教材主要是利用语言文字符号传递信息，提供的是抽象的经验。为了提高学习效果，最好与其他媒体配合使用。

文本信息的呈现方式有板书、印刷教材和电子教材及多媒体课件等形式。

（2）图形图像

图形是指由外部轮廓线条构成的矢量图，包括直线、圆、矩形、曲线、图表等。在计算机中，则是用一组指令集合来描述图形的内容，如：描述构成该图的各种图元位置维数、形状等。

图像指的是一些表示人、物和地点的照片或与照片类似的图片。在计算机中，图像是由一些排列的像素组成的，其存储格式有 BMP、PCX、TIF、GIF 等，一般数据量比较大。它除了可以表达真实的照片外，也可以表现复杂绘画的某些细节，并具有灵活性和富有创造力等特点。

（3）动画

动画就是运动的画面，即利用人眼的视觉暂留功能，快速连续播放而获得运动画面的效果，也包括画面的缩放、旋转、切换等特殊效果。

动画和图像一样，是强有力的表现形式。动画在描述运动时更为有效。动画可按表现形式分为二维动画和三维动画。

（4）实物教具和模型

实物教具和模型都是一种与直接的、有目的的学习经验联系最密切的视觉媒体，实物教具包括真实的物体和标本。实物对学习者新知识的获取可说是最基本、最理想的媒介，特别是为那些纯粹的抽象概念提供了具体的形象表达。由于其直观、具体、真实、形象，便于学生观察、理解，同时学生可以动手操作，这样更容易引起学生的学习兴趣。模型是实物的一种替代，用以表达具体实物的三维特征，它既可比实物大，也可比实物小或者相同，也可根据教学需要而保留必要的细节或进行简化，因此，模型可以提供实物教具所不能提供的学习经验。虽然实物教具比模型真实，但相比较而言，模型作为一种有针对性的设计物品，更能适合教学的需要。

2.音频信息

音频信息即声音信息。声音是多媒体中最容易被人感知到的部分，是人们用于传递信息最方便、最熟悉的方式，主要包括人的语音、音乐、自然界的各种声音、人工合成声音等。

人对于音频信息的感应包含生理、心理两个过程。进入耳道的声波导致耳膜振动让人感到"听"见声音，而这种振动通过神经脉冲传到大脑则使人"觉"到声音。前者为生理过程，后者为心理过程，生理过程是"听"到声音，心理过程是通过对这种"听"到的信号的辨别和认识所产生的"觉"，进而去理解它。

声音包括语言、音乐及能代表特定意义的音响等，由它们构成的有声语言较之文字语言而言，表现力更强、更直接、更传神，更能引发学生的情绪反应和情感参与，因而具有极强的感染力。

3.视听媒体

人的学习是一种特别的认知形式，即通过各种感官把外界的信息传递到大脑，由它分析、综合而获取知识。视听觉并用将获得更多的教学信息量、更长的记忆保持和最佳的学习效率。将视、听结合的媒体，称为视听媒体。

连续的随时间变化的图像称为视频，也叫运动图像。视频具有直观和生动的特点，能够将学习者带入真实的世界当中。视频包括电影、电视和计算机的视频。我们这里着重介绍计算机的视频。在计算机中的视频都是数字化了的视频，根据编码方式的不同，常用的视频格式有以下几种：AVI（Audio Video Interleaved，音频视频交错）格式；MPEG（Moving Picture Expert Group，运动图像专家组）格式，例如，VCD、SVCD、DVD就是这种格式；MOV格式（Quick Time 封装格式）；RMVB(Real Media 可变比特率)格式等。

（三）教学媒体选择的依据

1.依据教学目标

教学目标是教学活动的出发点，是教学过程的指导，同时它也是评价教学效果的依据。教学目标具有较强的针对性，为达到不同的教学目标通，常需要使用不同的媒体去传输教学信息。教学目标可分为言语信息、智力技能、认知策略、动作技能和情感这几类。

2.依据教学对象

不同年龄阶段的学习者对事物的接受能力不一样，他们的原有知识结构也不一样，选用教学媒体时必须考虑其年龄和心理特征及知识背景。例如，小学生的认知特点是直观形象的思维和记忆比逻辑抽象的思维和记忆发达，且在其知识结构中，所认识的文字符号有限，所以对他们可以更多地使用文字以外的其他媒体形式。

3.依据教学条件

教学中能否选用某种媒体，还要看当时、当地的具体条件，其中包括资源状况、经济能力、师生技能、使用环境、管理水平等因素。

4.依据媒体的教学功能

各种教学媒体都有其各自的特点和独特的功能，在教学中它们是相互补充、取长补短的关系。

（四）教学媒体选择的方法和程序

1.教学媒体选择的方法

如前所述，不同的媒体在应用到具体的教学活动中时有其特殊功能和效果。没有一种媒体对任何一种教学情境、任何特征的学习者都相当适合，都能发挥最优的教学功能与作用。只有选择那些能够充分发挥其优越性的、特殊的教学功能的媒体，才能提高教学效率。常见的教学媒体的选择方法有问题表法、流程图法等。

问题表实际上是列出一系列要求媒体选择者回答的问题，通过对这些问题的逐一回答，来比较清楚地发现适用于一定教学情境的媒体。

流程图建立在问题表模型的基础上。它将选择过程分解成一套按序排列的步骤，每一步骤都设有一个问题，由选择者回答"是"或"否"，然后按逻辑被引入不同的分支。回答完最后一个问题，就会有一种或一组媒体被认为是最适合于特定教学情境的媒体。

2.教学媒体选择的程序

（1）确定目标，对教学目标进行分类

即把教学目标具体化，最好具体到每一堂课。对一堂课的主要学习目标进行划分，明确目标类型。

（2）列出教学活动

即列出一节课中师生的全部活动情况。一般是学生年龄越小，课堂教学中就越重视对教学活动的计划。

（3）选择刺激种类

根据教学目标、教学活动计划、学生的认知发展水平和学习能力等决定每个教学活动中使用的刺激的种类。

（4）列出备选媒体

选定教学活动的刺激类型后，就可列出许多可用来实现要求的媒体，给出一个媒体选择范围。

（5）理论上选择的最佳媒体

教师不考虑实际情况，只根据媒体选择的基本原理，判断哪种媒体是最佳媒体，这是选择媒体的关键。

（6）最终的媒体选择

根据实际情况，结合以上各种分析，教师进一步明确最理想的教学媒体。

二、教学手段的选择

（一）教学手段的含义

教学手段是直接影响教学方法的一个重要的、可变的因素，也是关系到教学质量和教学效率的重要因素之一，它包括物质性和技术性的层面。教学手段随着科技在教育中的应用而不断发展，一般认为，教学手段的发展经历了两个阶段：以文字教科书、粉笔、黑板、挂图、标本、模型等为主的传统教学手段阶段，以及在此基础上增加的基于各种电教设备的录音、幻灯、电影、电视、广播、录像、投影、计算器、语言实验室、电教教材和以计算机及网络技术为中心的现代教学手段阶段。

在信息技术教育教学尤其是中小学信息技术教育中，最常用、最直接、最有效的教学手段当属以计算机为核心的各种现代教学手段，主要指计算机辅助教学、交互式多媒体教学、远程教学等。

（二）常见的教学手段

1.教科书

教科书是根据教学大纲编写的，是教和学的主要依据，也是运用语言做媒体的教学手段的蓝本。现有的中小学计算机教材基本上均符合新课标规定的目标和要求，即能够体现知识的结构，形成一定的学科体系；科学性、思想性正确；理论联系实际，难度适宜，负担合理；图表简明，叙述精练，便于教和学。

教师为了上好课，必须认真钻研教材，要深入地分析它的内容、特点和编写意图。为了充分发挥教材的作用，教师要根据计算机学科的特点，有计划地对学生进行阅读教科书的指导和培养学生的自学能力。

2.板书

板书是一种常用的教学手段，好的板书有助于将教学内容分清段落，表明主次，便于学生掌握教学内容的体系和重点。板书的基本要求是布局合理、提纲挈领、层次清楚。

3.多媒体教室

多媒体教室是指将传统教学媒体（如：黑板或白板、挂图和模型等）、视听媒体（如：电视机、录像机、录音机、CD唱机、影碟机、功放机、扬声器、话筒、幻灯投影机及视频展示台等）和计算机媒体等按一定教学功能进行整合、集成，并以某种方式接入网络（广播电视网或计算机网），能实现文字、图形、图像、视频、音频、动画和课件等多种媒体的播放与控制，以及网络资源调用的教学系统。

多媒体教室基本组成部分主要有多媒体计算机、大屏幕投影仪、实物展示台、投影屏幕、录音机等设备。

4.多媒体网络教室

多媒体网络教室是指分布在一个教室范围内的用于课堂教学的计算机局域网络。网络教室的组成比较简单，当计算机数量较少时，由集线器（Hub）和双绞线连成共享式局域网。计算机数量较多的网络教室，则需要交换机或交换式Hub组成局部交换式的网络。

5.PGP课堂教学平台

PGP课堂教学平台是由华中师范大学国家数字化学习工程技术研究中心重点研究开发的一个新型教学平台，也称盘古课堂教学平台（PanGu Presentation，简称PGP）。

PGP电子双板教学平台由硬件系统和软件系统两大部分构成。硬件系统主要包括电子双板、短焦投影机、计算机等，其中，电子双板是采用两块交互式电子白板替代一般的单块交互式电子白板，可以提供更大的教学内容展示区域；软件系统有PGP电子双板平台系统软件、PGP课件展示工具、PGP课件制作工具等。在PGP电子双板平台系统软件的控制作用下，可以控制电子双板的连接与通信；PGP课件展示工具可方便教师展示已设计的教学流程或随机打开教学资料进行展示、标注；PGP课件制作工具能够方便教师设计基于PGP展示平台下的教学活动组织。

第四节　信息化教学评价

一、教学评价的内涵

（一）教学评价的含义

教学评价，是指运用一系列可行的评价技术和手段评量教学过程和效果的活动，以确定教学状况与教学期望的差距，确定教学问题解决对策。它是教学各环节中不可缺少的一环，也是教学设计中尤为重要的一个组成部分。其根本目的是确保改善学与教的效果。它是根据具体某学科的教育目的及原则，对教学过程和所产生的成果进行定性的测量，进而做出价值判断，并为学生的发展和教学的改进提供依据。

（二）教学评价的类型

教学评价方法按照不同的划分标准可以有不同的类型。这里，我们按照教学阶段对教学评价进行如下分类：

1.诊断性评价

诊断性评价也称安置性评价或者前置评价，是为了确定学习者已有的学习准备程度或者教学设计基础而进行的评价活动。诊断性评价一般在教学或设计活动开始之前进行，如：入学时的摸底测验、分班测验就属于诊断性评价。它实质上是一种为查明存在的问题进而分析问题的活动。这种有计划学习内容的诊断性测验结果还可以作为学习结束后判断学习进步的依据。

2.形成性评价

形成性评价是在教学过程中实施的评价，在每完成一段教学（一节课或一个单元）后进行。它是为使教学设计、教学过程更为完善而进行的对学生学习结果的评价。其目的不是对学习下结论，而是了解学习情况。课堂上的提问可以看成最简单的形成性评价。通过形成性评价，教师可以有效地把握每一个阶段的学习成效，了解存在的问题和不足，以便能及时地调整和改进教学。同时，形成性评价还可以让学习者确认自己的学习成果，并使之得到强化，让学习者在完成一段学习后获得一种满足感，增强信心，促进进一步的学习。因此，形成性评价可以说是一个有效的反馈机制。

3.总结性评价

总结性评价是在教学结束后进行的。这种评价的目的是了解整体的效果，提供一个总体评价成绩的资料。总结性评价往往又具有后继新阶段的诊断性评价的作用。

（三）教学评价的功能

1.反馈调节功能

反馈调节功能是通过评价反馈的信息，指导与调节教师与学生的教和学的活动，从而增加教学活动的有效性。这种反馈信息包括两类：一是以指导教学为目的的对教师教学工作的反馈指导。教师利用评价的结果可以了解学生学习的实际情况，发现教学存在的问题，反思和改善自己的教学计划与教学方法，通过这种评价也可以间接提高学习者的学习效果。二是以自我调控为目的的学习者的自我评价。学习者通过自我评价加深对自己的了解，以便调整学习策略，改进学习方法，增强学习的自觉性。

2.强化激励功能

科学合理的教学评价可以调动教师教学工作的积极性，激发学习者的内部学习动力。对教师而言，客观公正的评价可以使教师明确教学工作努力的方向，学习他人之长，发扬自己之长，克服自己之短，改进自己的教学；对于学习者而言，教师的表扬和奖励、学习成绩测验等可以提高学习的积极性和学习效果。但在评价过程中，教师和学习者都应把注意力集中在教学过程中，弱化量化评价结果，尽量避免给学生排名次或比高低，避免打击学生的学习积极性。

二、信息化教学评价的特点和原则

信息化教学评价是指根据信息化教学理念（目标、人才观、教学模式等），运用系列评价技术手段对信息化教学效果进行评价的活动。

（一）信息化教学评价的特点

信息化教学评价符合信息化教育的要求，其特点主要是通过区别于传统教学评价的一些方面来体现的。其主要表现在以下三点：

1.评价重心不同

传统教学评价侧重于评价学习结果，以便给学生定级或分类。信息化教学评价则侧重于评价学生的表现和过程，关注评价学生应用知识的能力。

2.评价标准的制定者不同

传统评价的标准是根据教学大纲或教师、课程编制者等的意图制定的，因而对学生的评价标准是相对固定和统一的。在信息化教学中评价的标准往往是由教师和学生根据实际问题和学生先前的知识、兴趣和经验共同制定的。

3.对学习资源的关注不同

在传统教学中，学习资源往往是局限于相对固定的教材和辅导资料。在实际的教学过程中，很少有对学习资源进行评价的活动。而信息化教学评价非常重视对学习资源的评价。

（二）信息化教学评价的原则

1.体现"以人为本"的教育理念

评价是为人的终身发展服务的。在进行教学评价时，应充分体现"以人为本"的教育理念，承认评价对象的差异性，对个体发展需要予以尊重，使评价对象得到更好的发展。

2.基于现实

在对学生的完成程度进行评价时，要重点关注学生在完成实际任务过程中所表现出来的能力，如提问能力、理解能力、合作能力、克服困难的能力、创新能力等。教学评价的重点是如何让学生的这些能力得到有效提升，而不是对这些能力做出简单的判断。

3.评价应贯穿于整个教学过程

在信息技术环境下，评价是与教与学的过程并行的一种持续的、动态的过程，评价应贯穿于教与学的过程之中。

4.注重学生的自我评价

在制定评价的内容、方式和标准时，应让学生参与其中，进而不断发展他们自我评价能力，使他们发现自身存在的问题，并不断进行改进，进而提升自身的能力。

三、信息化教学评价的方法

（一）自我评价

1.自我评价的含义

自我评价是指评价对象根据一定标准，自己对自己进行的评价。让学生学会自我评价，不仅可以帮助学生认识自己现状与目标的差距，而且可以促使学生逐步学会自我监控、自我调整、自我改造和自我完善，不断增强他们的主体意识和自我教育能力，形成独立自主、开拓创新的人格特征。

2.自我评价的主要内容

自我评价的内容主要包括以下两个方面：

①基础知识和技能。

②情感与个性特征、道德品质、学习态度和技能、合作和交流能力、学习风格、记忆方式、思维习惯、创造意识和实践能力、人格成就、劳动、关心集体等。

3.自我评价的实施

自我评价的实施可以从以下四个方面着手：

①采取多种评价方式。自我评价以形成性评价为主，以总结性评价为辅。

②以自我评价为主，同时也要听取他人的评价。进行自我评价，并不是要完全消除外部评价。自评和他评在信息化教学评价中都发挥着重要的作用，因此，要注重自评与他评的结合。自我评价在信息化教学中起着自我调控的作用。学生通过进行自我评价能够有效实现自我教育、自我管理，而且能够消除他评引起的焦虑、沮丧情绪，进而让学生积极了解自己的进步和不足，不断完善自己。他评通常对自评具有一种导向作用，即定向引导学生的学习活动，帮助学生认识并分析学习过程中存在的问题，并采取改进方法，对学习的节奏、状态和方法等进行调整和改进。

③自我评价以承认和尊重每个学生的个性差异为前提，以激励、发展为目的，对不同学生采用的评价策略、标准尺度不同。

④重视评价后学生行为的调整。进行自我评价主要是为了让学生对自我有一个客观的认识，既要认识到自身的优势，又要认识到自身的不足，并根据评价结果对自身进行适当完善和调整，保证评价能真正发挥作用。

（二）绩效评价

1.绩效评价的含义

绩效评价是教师以教学目标与评价准则为整体支撑架构，让学生通过应用知识与技能等高层次的思考历程，在建构而非简单再认或记忆的练习进程中获得深度认知、情感与技能发展的评价方式。它要求评价者创设尽可能真实的问题情境，让学习者在其中展示学习成果，它是通过实际任务来表现知识和技能成就的一种评价。

2.绩效评价的特点

（1）对学生有一定要求

学生可依据问题情境，以科学的论证和推理方式建构合乎自身认知的、具有创造性地解决问题的方案，产生具有创造性的作品。

（2）与现实生活密切相关

在进行绩效评价时，一定要充分联系现实生活，在真实的情境中开展评价。所谓的真实情境，包括对日常生活情境的模拟，或者真实情境中的实际操作。

（3）重视过程和作品

与传统评价不同，绩效评价非常重视过程。可以说，通过评价过程，能够了解到学生的反思能力、合作能力、信息搜集能力及创造力等，而各种能力的综合作用集中反映在作品中。

（4）事先确定好评价的标准

例如，学生作业表现中哪些是优秀的、哪些表现属一般或不好，表现的哪些层面属于主要评分点，这些规则和标准应事先给学生一些反馈，可制作成量规展示给学生，以增加评价的有效性。

3.绩效评价的内容

一个科学全面的评价体系首先应该对其评价内容有相关的规定和选择，信息化教学绩效评价具有其特定的评价内容。具体而言，包括以下两个方面的内容：

（1）教师的教

信息技术环境下对教师的教的评价包括对教学目标、教学内容、教学策略、现代媒体资源、教学运作、教学效果等方面的评价。

（2）学生的学

为了对信息技术环境下学生的学习效果进行全面评价，将学生的学分为对学科知识的掌握、综合能力的提高、情感态度的转变和学习效率的提高等方面。

（三）量规评价

量规评价是一种结构化的定量评价标准。量规在我国机械行业指的是用来判断被测件的长度是否合格的长度测量工具。在信息化教学中，量规也是作为一种测量工具，所不同的是测量的对象不同，目的也不同。随着教育信息化的不断发展，学习任务越来越多地以非客观性的方式得以呈现，传统的客观性评价已无法适应信息化教学评价的需要，量规评价则广受重视。

1.量规的特点

量规评价评价的标准各不相同，但不同的量规都有一些共同的特征。

第一，量规评价是绩效评价的有效评价工具。量规将多方面整合的任务的复杂性与经过深思熟虑设计好的、能够真实测量这项任务的责任结合起来，根据学生在给定作业与任务上产生的成果、作业或学习结果对学生进行评价。

第二，量规评价具有较强的适用性。评价作文仅仅是使用量规评价的一种情况，量规还可以被用于评价小组活动、多学科及口语等，比如用在语文、数学以及科学课程上。量规的使用并不依赖于年级和学科，而是评价的目的。

第三，量规评价是质性评价和多元评价的基础。信息化教学评价要求学生评价以质性评价为主，强调多元化的评价方法。近年来，国外发展了许多新的评价方法，为了完成某项评定，教师要根据一个完善、公平的量规才能将获得的信息和资料用于判断学生的学业情况。

2.量规评价的设计原则

（1）根据教学目标的侧重点确定各评价指标的权重

对量规评价中各评价指标的权重（分数）进行合理的设置不但可以帮助有效地评价，还可以引导学生把握好努力的方向，起到目标导向的作用。评价指标的权重设计与教学目标的侧重点有直接的关系。

（2）要根据教学目标和学生的水平设计评价指标

教学目标不同，量规评价的评价指标也应不同，尽可能考虑到评价对象的重要属性和特征。

（3）评价标准的描述语言要具有可操作性

在对量规评价的各评价指标进行解释时，应使用具体的、可操作性的描述语言，而避免使用抽象的、概念性的语言。

第五节 信息技术与课程整合

一、信息技术与课程整合的必要性

在信息化的大背景下，将信息技术与课程予以整合，有助于推动现代课程教学改革的发展。具体来说，其必要性主要体现在以下三个方面：

（一）信息技术与课程整合将促进课程内容的革新

伴随着现代信息技术的快速发展，现代信息技术的应用范围也在不断扩大，越来越多的信息技术被运用于人们日常生活的方方面面。而对于现代教育来说，将信息技术纳入现代课程教育过程中，不仅有助于利用信息技术形象化、生动化、多样化呈现课程内容，而且有助于学生通过发达的信息网络获取各类信息资源，同时还有助于教师根据信息网络实时更新的各类信息资源，不断革新、充实原有的课程内容，进而推动学校课程内容的革新，适应现代社会发展对课程教育内容的要求。

（二）信息技术与课程整合将带来课程资源的变化

信息技术的快速发展，网络资源的丰富性与共享性，大大冲击了传统课程的资源观。在现代社会，课程资源已经不再像过去一样，仅仅以一本书、一系列教材等印刷制品的形式出现，其范围被大大扩展，网络资源、音像制品、视频图像等都被纳入现代课程资源的范畴。这种资源形式的拓展不仅有助于及时更新现代课程教育的内容，而且能以具有生命载体的课程资源形式大大丰富课程教学的整个过程，丰富学生与教师的感官，不断提高课程教学的效率。

（三）信息技术与课程整合将带来传统教学策略和理念的革新

新技术作为课程教学的辅助工具正在不断改变传统教育理念，而在信息技术的加持下，研究性学习、探究性学习正以全新的姿态冲击着传统的课程教学模式。

具体来看，一方面，信息技术与课程的整合带来了学习方式的巨大变革，在这种情况下，将信息技术与课程整合，有助于教师和学生转变传统的教育教学观念，从传统的教学转为接受信息技术环境下的各类主动式学习、探究式学习、研究式学习等，从而不断提升学生学习的主观能动性；另一方面，信息技术与课程的整合，不仅有助于学生通过信息技术进行自我测评，进而根据自己的情况予以改进，也有助于教师通过信息技术开展动态评价、综合评价、全面评价，从而不断完善现代教育课程评价的方法。

二、信息技术与课程整合的目标

（一）培养学生具有终身学习的态度和能力

终身学习要求学习者能根据社会和工作的需求，确定继续学习的目标，并有意识地自我计划、自我管理、自主努力，通过多种途径实现学习目标。信息技术与课程整合把培养学生学会学习、具备终身学习的态度和能力作为目标。

（二）培养学生的适应能力、应变能力与解决实际问题的能力

信息技术与课程整合要求各学科教师在先进的教育思想、理论的指导下广泛应用以计算机为核心的信息技术，实现信息技术与学科教学的融合，把信息技术作为促进学生自主学习的认知工具与情感激励工具，从而促进传统教学方式的变革，以培养学生的适应能力、应变能力与解决实际问题的能力。

（三）培养学生掌握信息时代的学习方式

在信息化教育教学环境中，人们的学习方式发生了重大变化。学习者获得知识不再像传统课程教学一样，一味地依赖教师的讲解和对书本、教材的学习，而可以利用各类信息化平台和手段，获取多种多样的信息资源。在占有这些信息资源的基础上，以平等的姿态与其他学生、教师进行协商讨论，开展合作式学习，从而实现自我发展与进步。从这一方面来说，将信息技术与课程进行整合，必须帮助学生掌握信息时代的学习方式，既要能利用各类信息技术开展自主性学习，并能利用信息技术与其他学生、教师展开协商与讨论等。

三、信息技术与课程整合的教学模式

（一）基于课堂的多媒体教学模式

基于课堂的多媒体教学模式主要包括以下三种：

1.视听演示型教学模式

在视听演示型教学模式中，教师主要以演示、表演、显示、讲解等形式向一定规模的学生群体传授教学内容，学生则主要通过视觉和听觉获取信息。

2.情景教学模式

情景教学模式指教师根据教学需要，综合运用多种教学方法和手段，通过对事件或事物发生与发展的环境、过程的模拟或虚拟再现，使学生身临其境的一种情景交融的教学活动。

3.微格教学模式

微格教学模式就是借助现代化的声像视听媒体，把课堂教学的全过程分解成一个个可以单项把握的技能训练点，让学生细心揣摩、尝试，通过摄录、回放、互评、纠正、重试等步骤，达到教态自如、技能熟练的目的。

（二）基于网络的远程教学模式

基于网络的远程教学模式主要包括以下三种：

1.协作学习模式

协作学习模式一般是指在一定的激励机制下，学生以小组形式参与合作互助，以达到特定的学习目标的一种学习模式。协作学习模式的核心思想就是以小组的形式去共同完成某一特定任务，它是以建构主义学习理论和人本主义学习理论作为理论基础的。

2.人际交流教学模式

这里所说的人际交流指的是以网络为依托的人际交流。具体来说，人际交流教学模式是指在网络环境下，施教者与受教者通过交流信息，使受教者完成指定的学习任务的一种教学模式。

网络人际交流的教学模式具有无比的优越性。通过网络不仅可以传递文字和语音，还可以实时传递交互的动态图像，这可以使教学活动声像俱备、图文并茂，大大提高教学效率。网络的交流能突破时空限制，师生交互可以是同步的，也可以是不同步的，交互对教师和学生都是开放的，通过网络交流获得的信息还可以用下载等方式永久地保存。

3.直播教学模式

直播教学也叫实时网络课程，是基于Internet对视频、音频等信息进行实时传播、实现的教师现场教学的模式。

在网络直播教学模式下，教师和学生在空间上是分离的，但在时间上是同时进行的。这种远程教学模式实现了异地授课、协同作业、分组讨论等教学功能，形成了一种超空间的虚拟课堂或虚拟班级。在这种模式下，教师与学生通过Internet就可以进行面对面的交流，教师可实时监控学生的学习状态、向学生提问；学生面对的是一个真实的教师，有疑问可随时向教师提出，也可在教师的组织下进行在线讨论。

（三）基于网络的资源型教学模式

基于网络的资源型教学模式主要包括以下四种：

1.信息浏览模式

随着越来越多的科技成果不断物化到教学过程中，教学信息来源变得越来越丰富多彩。Internet为我们提供了世界上最大的知识库、资源库，它拥有最丰富的信息资源，为培养学生自学能力、发散思维、创造性思维和创新能力提供了有利的资源环境。为了获取网络可以提供的有利信息资源，我们首先要学会浏览信息，浏览和获取有用信息也是信息能力的体现。

2.网络课件教学模式

课件是教师或程序设计人员根据教学要求用课件写作系统或某种计算机语言编制的教学应用软件。网络课件是对一个或几个知识点实施相对完整教学的辅助教学软件，它基于Browser/Server（浏览器/服务器）模式开发、能在Internet（互联网）或Intranet（局域网）上发布。由于在网络教学中教师和学生相对分离，故教师需要运用课件达成教学目的，学生则需要通过课件获取知识达到学习目的。网络课件具有多媒体超文本实现能力，并且有良好的交互和动态特性，所以借助网络来实现课件教学已经开始得到大力的发展和推广。

3.问题解决教学模式

问题解决指的是人们在日常生活和社会实践中，面临新情景、新课题，发现它与主客观需要的矛盾而自己却没有现成对策时，所引起的寻求处理问题办法的一种心理活动。在问题解决中，问题解决者的态度是积极的，已有的知识技能是人们用来解决问题的前提条件。问题解决模式的一般过程是：提出问题——分析问题——解决问题——再发现问题。

4.研究性学习模式

研究性学习指学生在教师指导下，在学习的过程中采用科学的方法来进行学习，进而提高独立分析问题、解决问题的能力的学习方式。在研究性学习过程中，教师主要的职责是创设一种有利于研究性学习的情境和途径，学生更多需要的是教师从旁的指导和帮助。研究性学习强调让学生以思考的态度来对待学习本身，并通过思考的过程得到正确的结论。在推进我国基础教育深化改革、全面实施素质教育的今天，倡导中小学生的"研究性学习"有着十分重要的理论和实践意义。

第八章　远程教育与智慧教育在教学中的应用

随着计算机网络、信息和教育技术的飞速发展，远程教育作为一种新型的教育形式，逐渐成为我国高等教育和继续教育不可或缺的一部分。远程教育在科学技术进步的推动下，以开发教学产品、通过传输媒介作为教学的手段来达到教学目的，为全社会成员提供了终身学习的机会。

第一节　远程教育研究

一、远程教育的内涵与基本原理

（一）远程教育的内涵

1.远程教育的概念

中文"远程教育"一词源于英语"Distance Education"。远程教育是一种具有以下特征的教育形式：

①在远程教育的教学过程中，教师和学生是分开的，并不像传统的教育模式一样，二者处于分离的状态。

②教育组织对学生学习发生作用的方式有三种：一是教学规划；二是准备学习材料；三是对学生提供支持服务。

③技术媒体的使用。在远程机教育的教学过程中，技术媒体承担着非常重要的角色，一方面，它是教师和学生之间的桥梁，教师和学生可以通过它产生各种联系；另一方面，技术媒体也是课程内容的载体。

④远程教育能够提供双向通信，让学生可以与教师主动对话。

⑤学生在学习的过程中，与学习集体也是分离的，学生一般不接受集体教学，只进行个别化学习。除非有特殊情况，需要组织一些集体的面授交流。

2.远程教育的特点

远程教育的特点有：①教育对象的开放性；②教学时空的非受限性；③教学活动的交互性；④教学资源的共享性。

（二）远程教育的基本原理

1.远程教育理论

远程教育的理论建树主要是交互作用和独立学习平衡论。

学生在远程教育中主要有两种学习活动：一种是靠自己独立进行的；另一种是与他人进行交互的。

远程教育需要提供高质量的学生与教材、辅导教师和学习伙伴的三类交互作用。远程教育系统需要在相互交流与独立活动之间找到契合点，对二者进行适当的结合，通过对二者的平衡来完成全部的远程课程。对学生独立学习活动和与他人的交互作用之间的平衡对远程学习系统有决定性的作用，二者之间的关系会给该体系的管理和经济效益带来非常重大的影响。独立活动在经济效益方面有很大的潜力，而交互作用活动虽然在开始的时候需要投入较高的成本，但是会大大提高远程教育的质量。所以，独立学习和互动学习进行适当的结合是远程教育能够发挥效用的基础。

2.远程教育的教与学的活动重新整合的理论

远程教育最主要的一个特征就是教师教的行为和学生学的行为在时空上被分离开了。一般来讲，这种分离状态对教学是不利的，因此，需要将它们重新进行整合，以此来确保远程教育的质量。这种教的行为与学的行为要进行重新整合，一定要经过人际交流，这个人际交流除了面授辅导之外，最重要的是可以通过函授、计算机通信等双向通信技术来实现。

二、远程教育的教学系统与课程开发

（一）远程教育的教学系统

一般来讲，远程教育教学系统是由多个模块或者子系统构成，这些模块和子系统都有不同的功能，它们在远程教育教学活动中的作用也不尽相同，它们相互配合，相互补充，共同实现了远程教学。

从教学的角度来看，现有的远程教育系统的核心组成部分有远程授课子系统、自主学习子系统、学习支助服务子系统、学习测评子系统，通过远程教学管理系统对其进行管理。

1.远程授课子系统

远程授课子系统是构成远程教育教学系统的一个非常重要的组成部分，其以多媒体技术和计算机网络技术为强大的支撑，集合了多媒体和音频效果，将多媒体素材用各种各样的形式呈现出来。除此之外，它还拥有非常强大的检索功能。对于教师来讲，他们在制作教程和教案的时候可以完全根据实际的需要来做，而且可以随时对课程内容进行增删和修改。对于学生来讲，他们可以根据自己的个人情况，通过互联网采取课程点播的方式来学习，突破了时间和空间的限制。

2.自主学习子系统

自主学习子系统是支持学生利用远程教育系统学习材料进行自主学习的系统。这也是远程教育系统区别于普通学校教育的一个重要方面。虽然教师授课系统教学临场感强，学习效果好，但是对于学生而言，如果要听课，就必须在特定的时间到达特定的学习终端前才行，这对于参加远程教育的成年人群体来说，是不现实的。他们总是受工作或其他因素的影响而不能在指定的时间、地点参加听课。这样就提出了建立一种不受时空限制的教学系统的要求。有些远程教育系统还可能由于经费或是网络环境等方面的原因，并没有建立教师授课系统，因此，为学生提供一种自主学习的环境就显得尤其重要了。学生自主学习系统由于具有不限时空和学习方式灵活等优点，因而正在得到越来越广泛的利用。

3.学习支助服务子系统

学习支助服务子系统也是现代远程教育中的一个非常重要的组成部分，它的主要功能是，提供远程教学院校及其代表教师为远程学生提供的以师生之间或学生之间的人际面授，以及基于技术媒体的双向通信交流为主的各种信息的、资源的、人员的和设施的支助服务的总和。

4.学习测评子系统

远程教育系统除了要为学生提供学习材料和为他们答疑解惑之外，还要对学生的学习情况进行数据统计，以此作为评价其学习效果的依据。因此，远程教育系统必须具备一套完整的学习测评系统才能称其为功能完备。

基于网络的远程教育测评系统的组成部分包括试题库、测验试卷的生成工具、测试过程控制系统和测试结果的分析工具。

5.远程教学管理子系统

教学教务管理是远程教育系统中一个极为重要的组成部分，在教学过程的各个方面都有着非常重要的作用。现代远程教育的教学管理具体到学生完成学业过程的管理上可以分为学籍管理和课堂教学管理两个方面。学籍管理是指教学管理系统对系统内部每一个学习者的身份和与学习有关的档案进行有效管理。课程教学管理指的是对课程教学过程的管理，它不仅对教的行为进行管理，也涉及对学的行为的管理。

（二）远程教育的课程开发

1.课程开发的基本概念

"课程开发"是课程领域的一个常用的重要概念，指使课程的功能适应文化、社会、科学及人际关系的需求，而这些需求决定了课程设置和改进的活动和过程。

从课程开发过程所承担的任务和产生的结果来看，课程开发可以划分为不同的层次，大致为宏观、中观和微观三种。不同层次的课程开发完成不同的任务，产生不同的结果。在宏观层次中，课程开发需要解决的是诸如课程的价值、目的、任务等基本理论问题。不管是从学科的课程开发来看，还是对系统的课程开发加以考虑，这些问题都是必须予以明确回答的。在中观层次中，工作的重点是对教学大纲或者课程标准进行开发，课程开发的主体因地区而异，一般为国家、学区或者学校。在微观层次中，进入课程实施领域，之前制订得非常详细的课程计划和标准都要由教师根据实际的教学情况进行再次设计。

2.远程教育课程的特点

远程教育课程有以下三个最重要的特点：

（1）准永久性分离

远程教育将常规教育中教师和学生之间的"距离"拉得很远，在客观上不仅使施教者和学习者分离开来，而且使学习者在实践、空间和社会文化心理上也分离开来。但是这种分离不是指他们之间的个人联系或者间接联系的完全丧失，而是变成了被加工过的联系，它通过使用现代通信信息技术来保证教和学的进行，全方位地保证对学习者的学习支持。

（2）技术媒体的作用

在传统的教育模式中，大部分课程内容的教授方式都是施教者与学习者之间的直接交流。远程教育打破了这种直接交流，而是用一些电子的交流方式，比如，录像和计算机等，所以在远程教育模式中技术媒体的作用就非常明显了。

（3）双向通信

在远程学习者和远程教育机构、指导教师，甚至学习材料之间，存在着多种形式的对话交流，也就是双向通信，它们的存在对于远程学习者的学习有很大的促进作用。技术媒体的发展已经可以为远程教育中的双向通信提供各种各样的选择，无形中使这种交流的有效性得到了很大的提高。

3.远程教育课程开发的人员构成

远程教育课程开发的组成人员主要包括课程开发主管、课程内容专家、课程责任教师、媒体技术专家、学习支助人员等。

（1）课程开发主管

课程开发主管主要进行课程开发的规划、组织、协调工作，为学生提供最方便的、最有学习效率的学习环境，审定导学的方向、辅学的渠道及策略。

（2）课程内容专家

课程内容专家是对课程的具体内容进行编撰的科目专家，他们博采众家所长，为了提高课程的优质程度，编写符合远程教育特点的内容，完成课程文字主教材的编制，在这个过程中，对于课程内容和准确性非常重视。

（3）课程责任教师

课程责任教师也是专业老师，主要进行教学设计，从教与学的角度，加入帮助学习的元素。课程导学、辅学的老师，负责拟定课程教学大纲、教学要求、作业及考核的方式方法，准备复习需要用到的各种资料，设计制作课件，进行学生作业的批改等。

（4）媒体技术专家

媒体技术专家在这个组织中是技术负责人，他们负责将最好、最先进的技术引进课程开发中，与课程开发的其他构成人员一起制作远程课程。

（5）学习支助人员

学习支助人员的主要工作有分发学习资料、定期或不定期组织学习活动、对各方的信息进行反馈等。因为远程教育的学员大多都是成年人，所以他们对远程教育的质量最为关心，而要想保证远程教育的高质量，光有优秀的课程是不够的，必须辅之以周到的服务和健全的管理。

三、远程教育的管理与评价

（一）远程教育的管理

1.远程教育的教学管理

远程教育的教学管理就是对远程教育中的教学活动进行管理。在对教学活动的规律和管理活动的一般原则有一定把握的基础上，采取一系列的手段对教学工作进行管理。远程教学具有两大功能：一是对以课程为核心的教育资源进行开发和发送；二是对远程教育中的学习者提供多种学习支持服务。相应地，远程教育教学管理的功能也分为两个部分，即对课程教育资源开发与发送的管理和对学生学习支持服务的管理。远程教育教学管理的目的是保持稳定的教学秩序、营造良好的教学环境、提高教学质量，从而实现学校的培养目标。

2.远程教育的资源管理

远程教育的实施对各种资源，包括环境资源、信息资源和人力资源都有很强的依赖性。所以，学校远程教育管理的一项非常重要的内容就是要对这些资源进行统筹规划和管理。远程教育资源管理的内容主要包括：系统拥有的远程教育资源的种类与数量；学生实际可能获得的资源种类和相关课程的数量；依据各科课程的学科性质和教学目标，确定各门课程所需资源的种类与数量等。

3.远程教育的人员管理

远程教育的人员管理主要包括对教师的管理与对学生的管理。建立一支强有力的教师队伍，是远程教育可持续发展的先决条件。远程教育中教师管理的关键是调动教师的工作积极性，教师积极性的发挥直接影响远程教育目标的实现。对教师的管理主要包括对教师教学思想的管理、对教师教学计划的管理及对教师教学活动的管理三个方面的内容。在远程教育的教师管理工作中，要注重创新管理理念，实施目标管理；要坚持以人为本，强化自我管理；要讲究管理艺术，实行参与管理；要开发人力资源，坚持动态管理；要善用绩效强化，注重心理管理。

对学生进行管理的主要内容就是对学生的注册、选课、考试、学分认定等进行管理。远程教育环境下的学生管理要更加人性化，具体管理对策的制定要以学生不同的入学形式、身份特点和心理特点、学习特点和环境特点为基础。具体而言，首先要在学生入学的时候就为其量身制订专业学习计划，并且要经常检查、定期公布；其次，在远程学习的过程中，多组织学生建立学习小组，一起学习一起进步，学习小组的建立可以灵活一点儿，按照课程或者地域来进行组建；再次，关于学生学习计划的落实要多多督促，与他们多进行交流；最后，要定期对学生的学习效果进行考评，教学管理部门一定要坚持作业检查和抽查的制度，发现问题之后不能听之任之，要按照相应的规定采取措施。

（二）远程教育的评价

1.远程教育评价的概念

（1）教育评价

随着我国高等教育评价实践的开展，人们对教育评价的定义越来越趋于一致。教育评价是以一定的教育目标和标准为基础，通过对信息的收集和定量定性的分析，进而对教育适应社会需要的程度做出价值判断的过程。

（2）远程教育评价

远程教育评价是按照社会发展要求所确定的远程教育目标和方针、政策，对远程教育活动的状态和效果、完成任务的情况和教育对象的发展水平进行科学判定的过程。

远程教育评价与传统教育评价一样，都是通过系统地收集信息，按照严格的程序和科学的方法，有计划、有组织地进行的一种关于对象的较为深刻的价值判断过程。但是远程教育不同于传统的学校教育，它具有的很多特点，诸如教学媒体多样化、时空范围广和社会性强等都是传统的学校教育所不具备的。因此，远程教育评价是比传统的学校教育评价更具复杂性的系统工程。

2.远程教育评价的功能

远程教育评价的功能指的是教育活动自己本身具有的可以让评价对象发生改变的作用和能力。它通过教育评价活动与结果作用于评价对象来体现。远程教育评价对提高远程教育教学质量具有重要作用，主要表现在以下四个方面：

（1）鉴定功能

远程教育评价的鉴定功能指的是对评价对象合格与否、优劣程度、水平高低等实际价值进行认定和判断的能力。这是教育评价最基本的功能，其他功能都是在科学鉴定的基础上实现的。因为不管什么形式的远程教育评价都是有一定的标准作为依据的，所以它自然具有对评价对象进行各个方面鉴定的功能。

（2）诊断功能

远程教育评价的诊断功能指的是远程教育评价对远程教育的实际效果、出现的矛盾和问题做出真实判断的能力。科学的评价过程必须是评价者采用合适的手段，对各类相关的资料进行收集和仔细分析，根据评价的标准做出价值判断，对远程教育活动中效果比较突出的部分做出判断，在今后的工作中对其加以保持和提高，与此同时也要诊断出其中存在的问题，积极地找出原因，并且提出解决这些问题的关键和途径。

（3）监督功能

远程教育评价的监督功能是指远程教育评价具有对被评价对象进行检查、督促的功效和能力。它通过找到被评价对象与评价目标之间的差距，为被评价对象指明努力的方向，并督促其向着评价目标前进。

（4）管理功能

远程教育评价的管理功能是指远程教育评价具有使管理活动及评价对象的行为得到调节、控制、规范，并使其趋向于教育目标实现的功效和能力。管理功能主要通过发布通知、行政命令或者颁布法律法规的手段来进行导向、激励、监督、检查和鉴定，从而实现调节、控制和规范的功能，最终实现远程教育的总目标。

四、远程教育中云计算的应用

（一）建立云计算远程教育系统的意义

1.提供强大的教育服务能力

在我国一些偏远不发达的地区，软硬件设施欠缺滞后的现象是非常普遍的，更为严重的是，这种情况在短期内并不能得到根本性的解决。但是通过基于云计算的远程教育系统，可以将这些地区的软硬件和全国的软硬件整合起来，这样就可以为每一地区提供非常强大的服务支撑。

2.有效避免资源重复建设

传统模式的远程教育系统有一个非常严重的缺陷，那就是因为其本身结构的问题，要建立统一的系统是非常困难的，各个地区的远程教育中心都各自建立自己的资源，造成了大量的资源浪费。但是基于云计算的远程教育系统轻易地就可以建立全国统一的系统，然后对各个地区的远程教育系统进行统一的部署建设，避免资源的重复建设。

3.实现高效资源共享和就近访问

基于云计算的远程教育系统在建成以后可以实现高效的资源共享，因为全部的资源都由系统统筹管理，而且使用统一的资源列表根据需求提供最合理的服务，突破了时间和空间的限制，访问者可以非常便捷地获取信息。

4.云计算可提供灵活的自定义功能

可配置和伸缩性对于不同用户、系统可以做功能上的定制而不是代码级定制，不需要独立部署，提供灵活的自定义功能，组织机构、工作流程、文件管理体系和访问权限等均可由用户自定义，对不同学校的各种教学需求都可以很好地满足。系统还可以根据单位变化发展的需求实时地进行调整，达到按需使用和随处可用；即使在用户数激增的情况下，也没有必要改变应用架构，因为仅仅增加硬件设备的数量，就可以支撑硬件规模的增长，这一点对于远程教育快速发展的中国来讲也是非常适用的。

5.降低教学成本

基于云计算的远程教育系统提高服务质量的方式是由各地普通的服务器组成"云"，对服务器的高性能不再有要求，这大大地节约了硬件方面的投资。"云"的通用性使资源的利用率得到了大幅度的提升。这些都降低了教学成本。

（二）云计算在远程教育系统中的逻辑结构

网络环境不理想对于云计算远程教育系统的逻辑结构有很大的影响，过于集中庞大的访问也对网络和服务器造成了很大的压力。为了将不利影响降到最低，我国的远程教育单位一般建立多台校外学习中心分流服务器，采用Browser/Server的网络结构。在校本部建立中央教学资源服务器，而且省级与地市级学习中心也都建立了资源服务器，都安装了可以供学生上网使用的课件，方便学生可以就近访问学习中心的资源。

从实际的使用情况来看，这种模式有两个非常显著的缺点：第一，由于各类学习资源不仅数量庞大而且种类非常多，现有的条件无法完成正常的传输，所以各个服务器的资源做不到同步的更新，有一些学习中心的资源要么短缺、要么已经过时，学生常常无法找到需要的资源。针对这种情况，有一些学校采用了先进的卫星广播方式传输，但这种方式成本太高，无法进行更大范围的推广，而且广播具有单向性，学习者不方便进行分类并选择下载。学生在使用这种远程教育系统进行学习的时候，会发生在这里找不到资源，进而往上一级服务器找，从而造成网络拥堵的情况，对学生来说也是非常不方便的。第二，学生要进行多次注册手续，在每一学期服务器都要进行注册，非常不方便。云计算则可以解决这些问题。云计算在远程教育中实际上是服务器虚拟化技术和基础架构相结合，其核心是将中央电大远程教育、普通高校网络教育和其他远程教育的教学教务管理中心的计算资源虚拟化后，向每个学习中心和学员用计算资源提供服务。简单地讲，就是将很多台同一地点、不同地点的计算机集合起来为每个远程教育学习中心和每个学员提供教学教务服务。

云计算的工作是：基于互联网的，也就是以浏览器为基础；数据存储在云端，应用也存储在云端，随时向学生提供优质的教学资源；云计算强调服务，学生按需要服务，按使用多少付费。

网络教学是远程教育的主要方式，通过网络教学，既可以实现优质教学资源的共享，又可提供开放灵活的学习方法。除了这些之外，学习者可以自主地根据自身的学习情况制订和调整专属自己的学习计划和学习进度，实现了真正意义上的"个性化教育"和"自主学习"。

（三）云计算远程教育系统的整体结构设计

云计算远程教育系统的整体结构应该包括三层：基础设施层、应用层和服务层。还有四个模块：监视模块、策略模块、仲裁模块和供应模块。

1.基础设施层、应用层和服务层

（1）基础设施层

基础设施层是远程教育系统的资源池，其功能是为高层提供计算能力和储存容量，是整个远程教育系统的能源。基础设施层的可靠性和稳定性需要各种技术来保障。

（2）应用层

应用层承担着用户及为其他程序提供功能和交互式接口的功能，其由七个核心模块和工具构成。

（3）服务层

服务层主要为远程教育提供各种服务，主要有Web文件系统服务、数据库服务和Web服务等。除此之外，服务层还为高层提供了标准界面和应用程序接口。

2.监视模块、策略模块、仲裁模块和供应模块

（1）监视模块

监视模块在通信结构中对指定的执行过程进行监视，并且实时配置信息和特定资源的使用水平。

（2）策略模块

策略模块的功能是建立并且维护教学方式、运行时间和资源安排的方法，其以监视模块和自身获得的数据为依据，建立特定的解决方案，并且对供应模块进行调度。

（3）仲裁模块

仲裁模块的功能是修订、调整并改善资源的分配和管理，它根据用户不同的学习方式、学习参数和认识水平建立动态使用模式，并提供给策略模块作为新的解决方案执行。

（4）供应模块

供应模块的主要功能是执行策略模块和仲裁模块制订的资源分配方案，及时为用户或对象部署资源。

第二节　智慧教育研究

一、智慧教育的内涵

（一）智慧教育的概念

关于智慧教育的概念众说纷纭，在各国都没有一个统一定论。综合目前的研究及资料，我们对智慧教育做了如下定义：智慧教育即以物联网、云计算、无线通信等新一代信息技术为技术依托，以智慧教学、智慧管理和智慧学习方法为理论支撑而发展起来的新型教育体系，其宗旨是帮助人们在对学习环境、生活环境和工作环境灵巧机敏地适应、塑造和选择的过程中，不断地发现智慧、发展智慧、应用智慧、创造智慧。

智慧教育是适应信息社会发展需要的高度发达的教育形态，具备公平性、终身性、创新性、开放性、个性化等多个教育现代化的核心特征。同时，智慧教育依托物联网、云计算、无线通信等新一代信息技术构建智慧教育环境，具有情感感知、无缝连接、智能交互、智能管控、按需推送、可视化的技术特征。

（二）智慧教育的基本内容

依据智慧教育的定义以及国内外专家、学者对智慧教育体系做出的分析判断，我们总结出，智慧教育是新一代信息技术所打造的智能化教育信息生态系统，这个系统主要由三个部分组成，分别为智慧学习环境、智慧教学法和现代化的教育制度。

1.智慧学习环境

智慧学习环境这个词，是借鉴智慧地球、智慧城市、智能楼宇的概念得出来的，是智慧教育实施的基础和保障。智慧学习环境是信息技术发展的必然结果，对教与学有着重要影响。

智慧学习环境主要分为硬环境和软环境两部分。硬环境包括智慧校园以内的智慧教室、智慧备课室、智慧语音室、智慧图书馆（学校）、智慧探究实验室等智慧型功能室，智慧校园以外的智慧博物馆、智慧美术馆、智慧图书馆、智慧公园、智慧社区、智慧教育探究基地等，以及各种智能学习终端，如电子书包等。软环境包括各类学习资源和智能学习工具。学习资源是实现教育系统变革的基础，是教育智慧沉淀、分享的重要载体。学习资源建设分为学习资源库建设、开放课程库建设和管理信息库建设三部分。

2.智慧教学法

智慧教学法强调信息技术在促进教学方式、教学过程、学习方式、学习过程变革中的作用，它主要由智慧教学、智慧学习、智慧评价三部分构成。

智慧教学法指教师在智慧教学环境下，利用目前先进的信息化技术和丰富的教学资源来进行教学的活动。

智慧教学是改变原有的教学环境，在智慧教学环境下进行教学，这样可以利用网络上丰富的教学资源及先进的信息化技术，获得更好的学习效果。

智慧学习是在数字学习、移动学习、泛在学习之后的第四次学习浪潮，在泛在学习基础上新增了"智能分析"，目的是挖掘学习者所产生的大范围数据中的隐含意义，从而能够对学习过程做出评估，对未来表现做出判断，发现潜在的问题。

智慧评价须充分利用大数据、云计算等先进的信息技术，定期、持续采集学业成绩、体质状况、教学质量等教育数据，并对数据进行深层次探索，最终得出更加科学、准确的结论。

3.现代化的教育制度

智慧教育系统除了包括环境基础和理论指导外，还包括国家教育制度的创新与变革。

教育制度是指一个国家各级各类教育机构与组织的体系及其管理规则，主要分为两部分：一是各级各类教育机构与组织的体系；二是教育机构与组织体系赖以存在和运行的一系列完整的规则，包括义务教育制度、职业教育制度、成人教育制度、学业证书制度、学校及其他教育机构的教育评估制度等。

从国家角度来讲，智慧教育需要将眼界放宽至全世界，在处理教育过程中出现的问题时，除了依靠自身的教育经验，还要汲取国际先进的教育经验，取长补短，互通有无，这样才能制定出科学有效的教育制度，建立健全人才培养机制，促进教育的创新与进步，有利于世界的发展。

二、智慧学习环境的构建

（一）智慧学习环境的构建原则

设计智慧学习环境的时候，需要以现代学习环境理论为指导，其核心是对学习资源进行开发和利用，重点是学习情境的创设。总的来说，在设计过程中需要遵循下面三个原则：

1.先进性

先进性是构建智慧学习环境的一个非常重要的原则，新技术和社会性交互软件对现代社会的重要意义不言而喻。智慧学习环境的设计除了要紧紧跟随现代教育理论的前沿内容，还要对这些新技术多加关注和利用，确保智慧学习环境的先进性。

2.实用性

智慧学习环境在功能的设计上要将"实用、好用"的特点体现出来，坚决摒弃华而不实的设计。要坚持"以学习者为中心"的设计思路，保证学习者在课程的选择、学习的时间、学习的策略等方面有较大的自主权。

3.个性化

智慧学习环境的构建不管是在内容还是在形式上都要体现出个性化。学习者可以对自己的门户界面进行自己喜欢的个性化设置，也可以定制新闻信息、通知公告和短消息等，可以只接受自己感兴趣的信息。

（二）智慧学习环境的构建基础

智慧学习环境是基于 Moodle 和 SNS 平台的，它可以采用单点登录技术将这些应用系统进行有机地整合，实现统一的身份认证，让二者都作为公共数据库，实现统一数据资源。学习者只需要在一开始登录一次就可以对它们互相信任的所有应用系统进行访问了，这是非常方便的一点，登录以后，学习者就可以根据 ThinkSNS 提供的门户集成框架聚合 Moodle 和 ThinkSNS 提供的信息和服务，形成个性化的个人学习空间。

1.Moodle

Moodle 是由澳大利亚一位博士在建构主义教育理论的基础上开发的一种学习管理系统，它在网络教学方面具有强大的功能，这主要表现在教学模式设计、教学资源设计、教学活动设计、跟踪分析功能、测试评价功能等方面。

2.ThinkSNS

ThinkSNS 是基于互联网 Web2.0 思想开发的 SNS 系统，为个人及社会团体提供以沟通和交流为核心的基础社交平台。ThinkSNS具备的功能有：完整的微博功能、丰富的群组系统、SNS类应用嵌入、丰富的个人主页。

三、智慧校园和智慧图书馆的建设

随着科技和信息技术的飞速发展，21世纪已经成为信息化时代。在这一时代大背景下，建设智慧校园和智慧图书馆，不断推进以学校为主体的教育信息化进程，成为教育信息化的重要组成部分。

（一）智慧校园的建设

1.智慧校园的内涵

所谓智慧校园，就是以物联网技术、云计算技术等为基础，以面向师生个性化服务为理念，以各种应用服务系统为载体而构建的集教学、科研、管理和校园生活于一体的新型智慧化的工作、学习和生活环境。

智慧校园能够借助于先进的信息技术手段，对多个领域的资源及业务进行有机融合，并对这些资源和业务进行共享，继而实现信息服务的综合化与智慧化。也就是说，通过智慧校园的建设，人们能够快速且准确地获取校园中的相关信息，并通过对这些信息进行深入分析，为学校进一步改进管理方式、进行学校管理制度创新及业务流程再造等提供重要的数据支持。此外，智慧校园的建设，有利于学校的教学工作、管理工作、科研工作等向着智慧化的方向不断发展。

2.智慧校园的具体建设

（1）智慧校园建设的总体目标

以现有的校园网络为基础，在学校的各个部门进行EPC、RFID等的装配，并借助于智慧校园平台将这些部门有机连接在一起。这样一来，就能将学校中人和物的相关信息都融合在一起，并能够利用这些信息为全体师生提供有效的服务。这便是进行智慧校园建设的总体目标。

（2）智慧校园建设的原则

在进行智慧校园建设时，需要遵循一定的原则，具体来说有以下四个：

①共享性原则。在进行智慧校园建设时，要尽可能建立较为全面的信息资源共享机制，并不断对相关资源进行有效整合，以便其能够发挥出最大的效益。

②系统性原则。在进行智慧校园建设时，必须确保各个应用系统之间能够进行有效衔接，并确保不论是开发平台还是运行环境都具有一致性。

③安全性原则。在进行智慧校园建设时，安全问题是绝不能被忽视的一个问题。在具体建设智慧校园的过程中，会遇到多方面的安全问题，比如，网络安全、数据安全、管理

安全等。对此，必须提前制定切实可行的预防和补救措施，以便在出现安全问题时能够采取有效措施进行应对，继而减少安全问题所造成的损失。

④先进性原则。在进行智慧校园建设时，所运用的理念、所采用的技术和方法等必须具有先进性。只有这样，才能确保建成后的智慧校园是先进的，具有可持续发展的能力。

（3）智慧校园建设的组织架构

智慧校园建设的组织架构，具体包括以下八个方面的内容：

①智能感知层。智能感知层在智慧校园中位于系统的最底层，通过无处不在的传感器、二维码标签、RFID、摄像头等感知和识别校园中相关物体的信息，实现对校园的人员、设备、资源等环境的全面感知。

②网络通信层。网络通信层的存在，使得不同类型的网络之间进行有效的联系，也使得校园中的人、物之间能够进行全面的互动与互通。这样一来，可以为随时、随地、随需的各类应用提供高速、泛在的网络条件，从而增强信息获取和实时服务的能力。

③智能信息采集与管理平台层。智能信息采集与管理平台层包括智能信息采集网关、物联网数据/元数据、物联网互通管理中心、物联网设备运行管理，主要功能是实现对收集到的数据的整理及不同系统之间数据的格式转换。

④智慧应用支撑平台层。智慧应用支撑平台层需要对智能信息采集与管理平台层所收集的各种信息进行全面整理、深入挖掘、智能分析与科学处理。同时，智慧应用支撑平台层需要将数据分析与处理的结果在专门的数据库中进行存储，以便于系统及用户随时进行调用。

⑤智慧校园应用层。智慧校园应用层主要是通过对开放性学习环境的构建，为学校师生提供个性化的应用服务及智能化的决策服务。

⑥统一信息门户。统一信息门户是对智慧校园的接入门户及智慧校园的入口界面予以统一，并以用户可以获得的授权为依据，为其提供个性化的信息服务。此外，统一信息门户还能够有效促进学校管理效率的提升及服务能力的提高。

⑦信息标准与规范体系。该体系主要是对采集、处理、交换信息的标准与规范及应用系统的数据结构进行了明确规定。在此基础上，进行学校的信息化建设时便能够对所涉及的数据进行有效融合。

⑧运行维护与安全体系。该体系主要是用来保障智慧校园能够正常运行的，涉及内容安全保障、物理安全保障等多方面的内容。

（二）智慧图书馆的建设

1.智慧图书馆的内涵

所谓智慧图书馆，就是以图书馆的各类资源为基础，以物联网和云计算为技术支撑，以为用户提供个性化、人性化、智慧化服务和管理为目的的一种数字图书馆的高级发展形态。智慧图书馆具有传统数字图书馆的功能，又具有其鲜明的智能化特征。在智慧图书馆的智能空间中，计算与信息将融入人们的生活空间，从根本上改变人们对图书馆的认识。在任何时间、任何场所，人们都能自如地获得信息，并获得智慧化服务。

2.智慧图书馆的具体建设

在进行智慧图书馆建设时，应从以下三个方面着手对其进行网络架构：

（1）感知层

在进行智慧图书馆建设时，感知层主要是借助于一些感知终端，通过自动感知对图书、读者、建筑物等的相关信息进行采集。比如，智慧图书馆可以借助于温度传感器及其所收集的信息，对图书馆内的温度进行自动调节，以便图书馆的温度始终保持最适宜的状态；可以借助于光线传感器及其所收集的信息，对图书馆内的亮度进行自动调节，以便图书馆始终保持合适的光线供学生进行学习等。

（2）网络层

在进行智慧图书馆建设时，网络层的建设是最为核心的内容，其需要有效处理感知层所获取的各种信息，并将处理结果及时传递给应用层。

在进行网络层建设时，最为关键的是制定科学的网络协议。在智慧图书馆的书架上，所有的书籍都会提前贴上电子标签，且会放置特定的RFID阅读器。而电子标签要想和阅读器进行信息互通，就必须借助于特定的通信协议。当某一本图书被借走时，智能书架便会对这本图书的信息进行记录，并向图书管理系统进行反映。一旦某种图书的数量比设定的图书数量少时，智能书架便会提醒图书管理系统对这种图书进行补充。此外，智能书架还会进一步分析图书的总体借阅情况，并会将分析结果及时向图书管理系统进行反馈。这样一来，图书馆就能有针对性地对某种书籍的数量、类型等进行丰富或缩减。

（3）实际应用层

进行智慧图书馆建设，主要的目的是方便人们进行图书的借阅。因此，智慧图书馆的建设不能忽视实际应用层的建设。

①智慧图书馆智能借还系统。智慧图书馆通过智能借还系统的设计，能够使图书借还的效率得到大幅提升。当借阅者选好了需要借阅的图书后，只要刷卡便可以将自己的信息及图书的信息上传到图书管理系统。当借阅人在阅读后归还图书时，图书管理系统会自动对图书的完整程度进行检查，若图书完好便会进入正常的还书界面，若图书有所损坏便会对损害的程度及赔偿方案进行显示。若是借阅人未能在规定的时期内归还图书，系统会自动对借阅人进行提醒。

②智慧图书馆智能图书定位系统。借助于这一系统，借阅者能够快速地找到图书所在的具体位置，这能够大大缩减在寻找图书方面所花费的时间。

③智慧图书馆智能图书点检系统。借助于这一系统，图书馆能够自动地对图书进行查找、盘点、导架等。同时，图书管理人员通过这一系统可以及时掌握图书的借阅情况，继而及时对缺少的书籍进行补充。这样一来，图书馆工作人员的工作效率也会得到大幅提升。

第九章　当代教师的信息技术素养研究

信息时代对教育提出了新的要求，教育已不再仅仅是为学生建立扎实的知识基础，还包括全面提升学生的素质，其中一个重要的内容就是对信息的归纳、概括以及分析判断能力。这就需要教师不断完善自身的信息素养和技术能力结构，只有这样，才能够适应教育信息化的发展。

第一节　教师应具备的信息素养

一、教师信息素养的内涵

（一）信息素养

我国学者认为，可以从三个层次确立信息素养的内在结构与目标体系。第一层次为驾驭信息的能力；第二层次为运用信息技术进行高效学习与交流的能力；第三层次为信息时代公民的人格修养。只要具有了这三个层次的能力，每个人就可以进行自主学习，因此，具有信息素养是自主学习的基本条件。

（二）教师信息素养

教师信息素养是指教师在传递信息的实践基础上，根据社会信息环境和发展要求，自觉接受教育和加强修养而逐步形成的对待信息活动的态度，以及利用信息去解决问题的能力。

二、教师应具备的信息素养的内容

具体而言，教师应具备的信息素养主要包括信息意识、信息知识、信息能力、信息道德、信息创新。

（一）信息意识

信息意识是指人在信息活动过程中表现出的敏感度、判断力和洞察力，以及形成的认识和观念。总的来说，信息意识具体体现在以下三点：

第一，能够充分认识到信息在社会发展中发挥的重要作用，并树立终身学习、积极创新的观念。

第二，具有强烈的获取信息的欲求。只有具备获取信息的欲求，才会产生获取信息的行为，进而适应社会的发展。

第三，对信息具有较强的敏感性，能够准确筛选出有价值的信息，发现信息的深层含义，并善于将信息运用到自己的现实生活中，善于从信息中找出解决问题的方法。

（二）信息知识

信息知识是指与信息的产生、传播、运用相关的内容。作为信息素养的重要组成部分，信息知识主要包括以下五个方面：

1.基本信息知识

进入信息时代后，虽然人们获取知识的方式和内容发生了很大的变化，但知识的积累仍是人们提升自身文化修养的重要基础。信息知识是对传统文化知识的延伸与拓展。在信息时代，教师想要提升自身的信息处理能力，就必须具有快速的阅读能力，有效地获取有价值的信息，了解信息技术的基本常识与历史，掌握基本的信息知识。

2.多媒体知识

信息时代，教学在实施过程中会运用多种媒体，这就要求教师应了解软件的作用与特征，掌握各种软件的使用方法。为提高信息教学的质量，教师应依据不同的学科、教育对象、教学目标、教学内容等，选择适合的媒体。

3.网络知识

随着信息技术的飞速发展及互联网的广泛应用，网络技术在教学中发挥着越来越重要的作用。在信息化时代，远距离教育和学生自主学习是两种重要的人才培养方式。

各种教育机构、科研机构和公开文化设施通过计算机网络密切联系在一起，为学生营造了良好的学习环境。因此，在信息化教学中，教师必须掌握网络基本知识，具备网络的操作能力。

4.课程整合知识

为实现信息技术与学科课程的整合，教师要能够熟练地将信息技术与不同媒体进行重新整合，要能够实现信息技术与学科教学的有机融合。

5.终身学习

终身学习与信息素养的培养具有密切的联系。所谓终身学习，是指通过一个不断的支持过程来发挥人类的潜能。人们通过终身学习，能够获得发展所需的知识、价值、技能，并在任何任务、情况和环境中合理地应用它们。

随着教育信息化的快速发展，教师的信息知识也要不断进行更新。教师要充分了解信息的特点和含义；了解书籍、报刊、录像、电视等信息源的种类及使用；掌握录像机、幻灯机、投影仪等信息展示新技术的使用；掌握高效获取信息的图书分类知识、信息检索方法等。

（三）信息能力

信息能力，即对信息的加工处理能力及创新能力，具体可分为基本信息能力和教育信息能力。

1.基本信息能力

基本信息能力主要可以分为以下四个方面：

（1）信息系统的应用能力

信息系统的应用能力既包括对信息系统硬件系统的操作能力，又包括对软件系统的使用能力。例如，教师能够对多媒体计算机进行熟练的操作，能够熟练运用网上通信、查询、浏览等软件工具。

（2）信息搜索获取能力

信息搜索获取能力，顾名思义，即教师对信息的搜集能力，其在很大程度上取决于教师对信息源的了解程度，以及对信息工具运用的熟练程度。

（3）信息的加工能力

信息的加工能力是指教师在获取信息之后，对信息的鉴别、分析、综合，最终内化为自己的思想的能力。从实质上讲，信息加工在原有信息的基础上对信息的重新再造，包括对信息的分类、理解、综合和评价。所谓分类，是指按照一定标准对信息进行筛选和分门别类地处理。所谓理解，是指准确把握不同信息的内涵和特点，了解信息的内在价值和意义。所谓综合，是指在对信息进行分类和理解的基础上，将有用的信息进行重新组合。所谓评价，是指从信息的时效性、科学性出发，对其进行科学的价值判断。

（4）信息的应用能力

获取信息、加工信息是信息应用能力的基础，在此基础上，实现对信息的优化、表达和再生。

2.教育信息能力

教师的教育信息能力主要包括以下四个方面：

（1）进行信息化教学的能力

随着时代的进步，科学技术的迅猛发展，信息化教学受到了越来越多的重视。信息化教学将计算机多媒体技术、网络技术、人工智能等现代信息技术作为技术支持，以先进的教育教学理论作为指导，对教学进行了全方位的变革。

（2）信息技术与学科教学整合的能力

在信息化时代背景下，对信息技术与学科教学的整合是基础教育课程改革的一项重要内容，对于信息技术课程目标的实现具有重要的意义。

（3）教育知识管理能力

教育知识管理能力是指在面对庞杂的网络信息资源时，能够及时获取有效的信息，并对其进行加工、处理，将各种教学资源转化为具有网状联系的规范知识集合，并对这些知识进行有效的管理和利用。

教育知识管理能力要求教师遵循知识管理的基本原则，即积累、共享、交流的原则。积累是进行管理的基础，是对知识资源数量和质量的要求；共享要求学习组织内各成员之间的知识具有开放性；交流要求组织内成员之间要进行积极的沟通。

（4）信息教育的能力

在信息教育中，教师一方面要通过自身的努力学习，不断提升自身的能力；另一方面，要积极引导学生接受信息技术教育。这就要求教师在实际教学过程中不断渗透信息教育的内容，在现实生活中自觉运用。

（四）信息道德

在信息化社会，就教师而言，其不仅自身要具有良好的道德修养，而且还应具备进行信息道德教育的能力。

信息道德是指人们在获取、利用信息过程中，必须具备的信息道德思想，以及必须遵循的行为准则。教师的信息道德修养主要包括以下五点：第一，对文化多样性和各民族文化传统的关系有一个正确的认识；第二，对全人类利益和民族利益的关系有一个正确的认识；第三，能够有效排除信息技术环境的不良因素；第四，自觉遵守网络环境下的行为规范；第五，提高道德的主体性，遵循信息伦理道德标准。例如，不得危害社会或侵犯他人合法权益，不得向学生传递不良信息等。

教师在面对网络时，应具有高度的社会责任感，这是信息素养的首要道德，在进行每一项研究时，应考虑到这会很快地传播到各个地方，造成极大影响，应考虑到社会效应。例如，网络传播的既可能是利于人类科学技术进步的信息，也可能是有害的计算机病毒；要保证自己劳动成果的纯洁性和科学性，教师不能去剽窃和仿冒他人的研究成果，在引用别人的知识劳动成果时应该指明出处；教师之间应具有良好的合作精神，作为既是信息的传播者又是信息的接受者，应尊重自己和他人的劳动成果。

在信息道德规范下，教师在面对十分庞杂的信息时，应选择有用的、有正确影响的信息进行整合，形成有利于社会、有利于学生的信息，并指导学生学会判断、选择信息，为影响学生的信息道德做出表率。

（五）信息创新

创新是指打破现有的思维模式，提出不同于常规思路的观点，进而生产出促进社会文明进步的前所未有的精神产品或物质产品。随着社会的不断发展，竞争无处不在，只有懂得创新的国家才能有立足之地。因此，要注重对创新型人才的培养。而承担着培养创新人才任务的教师，只有从自身出发树立创新意识，提升创新能力，才能为学生树立良好的榜样，促进学生创新能力的提升。

1.教师的创新意识

教师的创新意识具体包括以下五点：

第一，能够敏感地发现问题，注意到某一情境中存在的问题。

第二，对问题的新颖性进行分析，能够提出与众不同，又有科学依据的观点。

第三，对新事物要保持好奇心，并积极弄清它们的发展趋势，提出有价值的问题。

第四，具有浓厚的创新兴趣，创新型人才对各种活动表现出浓厚的兴趣，他们向往并热衷于创新活动，能从中得到心理上的满足和快感。

第五，保持怀疑，要对一些传统的观念和看法进行大胆发问，要善于发现和观察，关注其他人忽略的事物，在一些习以为常的事物中发现新的问题，敢于质疑大家公认的真理，当然，怀疑并不是盲目的、凭空的，而是要建立在一定科学依据基础上的。可以说，对传统学说、观念、理论提出问题，是建立新理论的重要基础。

2.教师的创新能力

教师的创新能力的重点应是能创造出各种条件来培养学生的创新能力。具体而言，教师要努力做到以下三点：

第一，转变传统的教学观念。教师不再是向学生灌输书本知识，而应注重调动起学生参与课堂的积极性，最大限度地激发学生的创造性。教师在利用多媒体信息网络教室进行教学时，不仅仅要向学生传授知识，更要教会学生掌握适合自己的学习方法。

第二，为学生营造良好的创新环境，具体包括教学心理和计算机教学环境的营造。教师在教学过程中，不应把自己的思维强加给学生，而应鼓励学生进行大胆质疑，积极表达自己的意见和观点，培养学生的创新意识。当意识到学生提出的观点不正确时，不应立刻对其进行否定，而应逐步引导其认识到自身的问题所在，并积极探索出正确的结论。

第三，合理利用多媒体点播系统激发学生创新思维。教师在进行课程综合设计时，要发掘一些有利于训练学生创新能力的课题，要启发学生自己发现问题、自己解决问题，使学生逐步养成独立获取知识和创造性地运用知识的习惯。加强培养学生发现问题、提出问题和解决问题的能力。利用多媒体网络，能够让学生对所学的知识有一个直观的认识，可以让学生通过实际操作，不断加深印象；通过网上冲浪可以让学生遨游网络世界，并在教师的指导下获得大量的知识。

3.教师的创造性思维

教师的创造性思维主要表现在对学生的创造性思维的培养，应遵循培养创造性思维的五个环节。

第一，积极培养发散性思维，做到同中求异，正向反求。

第二，积极培养直觉思维，从大处着眼，将知识进行结构化、图表化处理。

第三，积极培养形象思维，积极表象，启发联想，大胆想象，不要孤立地培养形象思维，要用与逻辑思维相结合的观点培养形象思维。

第四，积极培养逻辑思维，提升对事物的分析、综合、概括能力。

第五，积极培养辩证思维，对问题进行实事求是的分析。

第二节　教师应具备的技术能力结构

信息时代的到来，人们已能预感到信息技术改变课堂教学样态的巨大潜力。传统的教师工作方式和技术体系已受到冲击，建立一套与信息时代技术原理相适应、能充分促进教学效率提升的教师教学技术体系尤为必要。

信息时代的教师需要具备新的能力结构，不仅是新的理论知识结构，而且在技术能力方面也要求转变，具体包括信息技术能力及教育技术能力。

一、信息技术能力

（一）信息技术能力的概念

信息技术是指人类对包括数据、语言、文字等在内的各种信息进行加工处理的知识、方法、工具的总和。从广义上讲，凡是能拓展人的信息处理能力的技术都可称为信息技术。人的信息处理能力包括对信息的感知、记录、存储、计算、传递等，而人完成信息处理的主要器官有感觉器官、神经系统、大脑等，由此从目前看来，信息技术主要包括传感技术、计算机技术、通信技术、控制技术等，帮助人们完成信息的检测、识别、变换、存储、传递、计算、显示、提取、控制和利用。

传感技术扩展了人的感觉器官能力，主要完成对信息的识别、收集等。计算机技术通过高速的计算能力及极大的存储能力弥补了人的大脑能力的局限，使信息的加工处理得以顺利完成。通信技术则扩展了人的神经系统能力，实现信息的传递等。教师信息技术能力就是教师通过计算机、应用软件等技术获取工作需要的信息，进而完成工作任务的能力。掌握使用关于信息技术的能力，能熟练运用于教学实践中，辅助教学目标的实现。例如，利用多媒体电子教案上课，能够在很大程度上改善教学环境，减轻教师的劳动强度；利用音频、视频信息，能够增加课堂的趣味性，完成一些传统课堂无法完成的任务；利用网络教学，可以实现课堂上的个别辅导和协作学习；等等。

（二）教师具备信息技术能力的必要性

自从计算机信息技术的发展为教学引入了互动性和合作方式以来，计算机辅助教学的新型教学信息技术在教育中受到了越来越多的重视。同时，许多国家和地区认识到教育需要改革，而改革的重点、突破点在于使用现代信息技术，信息素养的提高有赖于信息技术的熟练运用，信息技术是培养下一代信息素养的重要途径之一。信息技术教学对教育的发展发挥着至关重要的作用，它不仅改变了学生的学习习惯和学习方式，也在很大程度上促进了学生主动学习与自主学习能力的提升，而且对教育理念、模式等方面产生了深刻的影响。对于我国广大中小学教师来说，正面临着教育信息化和课程教学改革的新挑战，作为教育改革的最直接实施者，广大中小学教师理所当然地应该将教育技术能力作为其专业能力的重要组成部分。信息技术在教学中的推广，使得学生能够接触到大量的信息技术，不断提升自身的信息意识与情感，提高新信息伦理道德修养，掌握信息技术的基本知识，熟悉和掌握各种能力。

简而言之，信息技术在教学领域的运用，为学生提供了广阔的学习空间、充足的学习资料、多样的学习方式，同时，它也向教师呈现了一个前所未有的教学场景，能够对教师的教学手段、教学方式进行改善，有效减轻教师传授知识的任务，使其将更多的时间和精力投入到关注学生、引导学生的教育活动中去。这有利于信息化校园的形成，有利于营造培养信息素养的环境，有利于教师信息素养的形成，并为学生的信息素养和创新能力培养起到示范作用。

（三）信息技术能力的结构

信息技术能力结构一般包括信息技术基本知识和信息技术教学应用两个方面，其中，这两个方面之下包含了许多个小的子部分。

1.信息技术基本知识

信息技术基本知识是信息技术教学得以顺利开展的重要基础。信息技术基本知识主要包括信息技术的基本常识、优势与局限、伦理道德等内容。

（1）信息技术的基本常识

信息技术的基本常识包括信息技术的定义、信息技术的常用名词术语、信息技术的类型及特点、信息技术的发展状况、利用信息技术需要的硬件和软件系统及这些部分在信息系统中的基本功能、信息系统工作原理等。

（2）信息技术的优势与局限性

教师既要认识到信息技术的优势，也要认识到信息技术的局限性。

信息技术的优势主要表现在以下三点：

第一，信息技术为人们获取丰富知识与所需信息提供了方便。

第二，信息技术为人们进行高效的思考与工作提供了工具。

第三，信息技术的应用有利于教师及学生信息素养的提升。

信息技术应用的局限性主要表现在以下两点：

第一，有人可能利用信息技术传播违背人类伦理道德的信息。

第二，在使用信息技术分享信息数据时，传播的信息资源可能是错误的或不真实的。

（3）信息技术的伦理道德

教师在利用信息技术时应注意法律与道德问题。有意制造与散布计算机病毒、利用信息技术盗窃国家机密、利用信息技术破坏他人的数据与信息、与信息技术有关的知识产权问题等都会产生信息技术伦理道德问题。

2.信息技术的教学应用

随着教育信息化的大力推进，面对学生开展信息技术教育、把现代信息技术引入学科教学、培养学生的创新精神和实践能力的现状，在学校教学中应用的现代信息技术，主要是指以数字化、网络化、多媒体化和智能化为特点的信息技术。

大量的文献表明，国外一些国家和地区在现代信息技术的教学研究方面取得了一定的成果，掌握了丰富的教学方法，如：支架式教学、抛锚式教学、项目研究式学习、协作性学习等，这些方法主要是围绕研究项目或学习主题提出的，学生从广泛的信息资源中筛选出自己所需要的信息，然后根据完成学习任务的需要，对筛选出的信息进行分析处理，最终实现问题的解决。

近年来，我国在信息技术教学应用方面的研究也取得了新的进展，主要表现在以下三个方面：

第一，教师的教学观念发生了重要的转变，认识到学生在学习中的主体性地位，教师只是学习情境的设计者，在学生获取及利用学习资源时对其进行有效的指导和帮助。

第二，教师将研究的重点从教学媒体开发及其教学运用转向学习资源的设计开发。

第三，在计算机网络等现代信息技术的学科教学应用中，教师应突出其工具的作用和创设建构主义学习环境的作用，在建立校园网、多媒体教室网等基础之上进行自主学习形式和研究性学习；教师应重视教学信息资源库的建设，建立中小学各学科教学信息资源库。例如，可以将信息技术作为演示工具，将知识直观地呈现给学生；可以将信息技术作为学习资源获取的工具，使学生通过网址、搜索引擎等工具获取所需信息；可以将信息技术作为情境探究和学习的工具，通过创设虚拟环境，不断提升学生的科学研究的能力；可以将信息技术作为评测和反馈工具，通过编制操作练习型软件等，让学生对自己的学习进行检测，及时发现问题。

从这些应用可看出，信息技术在教学中的应用就是作为一种辅助工具，而不是一种理论依靠。实际上，教师应具备的信息技术能力就是在信息技术环境下转变教学观念，将信息技术运用在教学实践中。

二、教育技术能力

（一）教育技术能力的含义

教育技术是通过创造、使用和管理适当的技术性过程和资源，以促进学习和提高绩效的研究与符合伦理道德的实践。

简单地说，教育技术能力就是教师对信息技术与课程的整合能力，实现教育技术理论与实践的融合是职前教师的基本素养之一。

（二）具备教育技术能力的必要性

一直以来，教师的专业化并不强，而要想使教师成为一种专门职业，首先应通过提高教师应用教育技术的能力来提高教师的专业化水平。

教育技术能力，即对信息技术与课程进行整合的能力。在整合的实施过程中，教师应不断转变教育观念，掌握现代教学方法和教学手段，对信息进行合理的收集与应用，进而促进信息教学的顺利开展。

（三）教育技术能力的结构

在信息化学习环境中，教师应掌握的职业技能和应具备的能力结构会随着教师角色的转变而改变。信息时代的教师必须掌握以先进的教育思想、学习和教学理论及以计算机为基础的现代教育技术的基本知识和技能。

第三节　教师信息技术素养的培养

教师肩负着为国家培育具有较高信息素养的优秀人才的历史重任。而要完成这一历史使命，首先要求教师自身具备较高的信息技术素养。这就需要对教师信息技术素养的培养予以充分重视，具体应从以下三个方面入手：

一、营造良好的培训环境

（一）成立专门的培训部门

教育行政部门对于整个教育事业的发展与建设都起着决定性的作用。从国家教育部到地方各级教育部门都应设立相应的培训部门，对教师信息技术素养的培训工作进行全面负责。相关实践表明，通过层层设置组织机构，能够极大地增强教学工作力度，有效落实国家相关政策，进而提升信息教育教学质量。

（二）加强信息基础设施建设

教师信息素养的培养与提高，需要以信息基础设施建设为基础，可以说，只有加强信息基础设施建设，才能促进教师信息素养与教学实践的结合。学校硬件建设是教师信息素养全面提高的物质保障。要加强基础设施建设应从校园网建设、现代教育技术中心建设及计算机中心建设等三个方面入手。

1.校园网建设

校园网在学校信息化建设中发挥着重要的作用，为学校信息化的实现提供了重要的平台。随着校园网的建立和广泛应用，教学教务管理、行政管理和校内外信息沟通等工作越来越便捷。因此，校园网建设是基础设施建设的一个重要方面，应努力使校园网站的网页内容更加丰富多彩；使校园网的资源，特别是教学资源更加多元化，为教师进行信息化教学提供方便。

2.现代教育技术中心建设

现代教育技术中心的建设具体反映在一些相关的技术设备上，教师的信息技术素养只有具备一定的技术设备作为基础，才能够得到提高。因此，学校应加大资金投入，完善信息教育技术所需的硬件设备，为教师开展信息化教学提供物质基础。

3.计算机中心建设

在信息技术飞速发展的今天，各级学校的教师都应该熟练掌握计算机的操作技术，这也是提升其信息技术素养的一个重要要求。因此，各个学校应不断完善学校教师机房的建设，接入局域网或国际互联网，并将校园网接入各个教师的办公室，配备相应的课件素材库，进而为教师信息化教学提供坚实的硬件基础。同时，还要加强对教师进行培训，使其能够熟练制作多媒体软课并做到灵活运用。

由于我国目前的经济条件有限，而且各地区的经济发展不平衡，因此，在教师信息技术素养的培养和提高方面要坚持实事求是的原则，从实际出发，逐步实现。

（三）加强学校间的合作与交流

各个学校要加强协作，对教师进行有效的引导，具体应做到以下五点：

第一，加强校际合作，积极举办讲座和研讨会，为教师提供学习的机会。学校应邀请相关单位的专家教授来校开展讲座和研讨活动，并下发一些与信息素养培养方面相关的书籍、资料等，对教师进行有效引导，进而提升教师的信息素养。

第二，学校对参与科研工作的教师予以一定的奖励，通过建立完善的激励机制，鼓励教师进行科学研究，努力实现对研究型教师的培养。同时，加强学校之间研究成果的交流，相互借鉴，相互学习，实现共同进步。

第三，将各地各学校一些教师信息技术素养培养的成功案例作为范例进行研究、学习。

第四，各个学校对学生、教师可能会采取不同的评价方法，并且有着不同的经验积累，通过学校间的合作与交流，实现教师评价的科学性。

第五，学校应致力于对基础教育阶段的教育与考试方法进行改革，将侧重点放在对基础知识和能力的测试上，逐渐形成完善的素质能力考核体系。

二、实现培训层次的多元化

由于我国教育发展水平地区性差异明显，因此，应考虑到不同的教师群体信息技术素养水平，基于不同的教师群体采用不同层次的培训策略。

（一）基础层次

基础层次的培训是对信息技术的普及，主要包括对信息基础知识、基础的信息操作技能进行的培训及对基本的信息意识的教育。

基础层次的培训针对不同的职位要有所区别。例如，学科教师、管理人员和信息技术人员由于职务不同，培训内容也应有所区别，要有针对性。

（二）应用层次

针对我国信息技术素养培训脱离教学实际的误区，提倡信息技术素养的培训应从以下三个方面入手。

1.信息技术与学科课程的整合

教师将信息技术与学科课程整合的方式主要有以下三点：

第一，教师要利用信息技术进行演示。教师应利用现成的教学软件、多媒体教学库制作多媒体课件，将学科中难以理解的内容以最为直观的形式展示给学生。

第二，教师要通过利用信息技术获取学习资源。教师应熟练掌握信息网络技术，通过网址、搜索引擎等方式获取相关的资料，并对资料进行分类整合，进而为学生学习提供丰富的资源。此外，教师还应利用信息技术为学生创设虚拟的学习环境，培养学生科学的态度和能力。

第三，从实质上讲，信息技术是一种评测和反馈工具。操作练习型软件和计算机辅助测验软件在教学检测中发挥着重要的作用，这就需要教师掌握相关的技能，引导学生在练习和测验中对既有的知识进行巩固，同时从中获得教学反馈。

2.采取基于任务的培训方式

传统的培训与教学实践结合相对薄弱，只重视对信息技术层面的培训而忽视了教学实践中将信息技术整合进去的问题，所以要构建面向课程整合的教师信息技术培训。这种培训是要基于教学任务的，主要是为了解决教学过程中出现的问题，因此，教师具有明确的培训任务。另外，在培训过程中，应根据实际情况对培训计划进行修改，使教师除了要掌握本学科教学中的信息技术，还要掌握相关学科教学中的信息技术。

3.推行跨学科的培训方式

从教师信息技术素养的培养现状来看，各学科教师之间缺少必要的交流。基础教育课程改革倡导打破学科界限，提出"在新的基础教育课程结构中，作为新生事物的综合课程已经成为学校课程体系中的重要组成部分"。课程结构的改革，要求教师跨越学科界限，与不同学科的教师进行交流，相互促进。

在应用层次中，信息技术与课程整合的应用是逐步变难的，这也就对进行教师信息技术素养的培养提出了一个层级目标，培训者可按照这个层级进行教师培训。

三、培训形式多元化

要解决目前教师信息技术素养参差不齐的普遍现状，就必须对在岗教师和未来教师进行信息技术素养的基本培训，即教师职前培训和在职培训。

（一）教师职前培训

职前培训主要是针对师范院校的学生而言的。在踏上工作岗位之前，加强对师范生的信息技术素养的培养具有重要意义。具体可以采取以下措施：

第一，高等师范院校应积极开设信息技术等相关专业，使师范生树立科学的信息观念。

第二，开设的信息应用课程要与师范生所学专业相互融合、渗透，使师范生的信息技术与学科课程整合能力不断得到提升，使他们在未来的工作岗位上具有较强的信息应用能力。

第三，高等师范院校要积极开设与教育信息化相关的公共选修课，选修课要侧重于对基本信息知识与信息伦理道德的培养。

第四，在解决师范生不重视现代教育信息课程的问题上，培训者可以采用分组交流的方式，给他们布置任务，分组后让他们从各种渠道去搜集信息，最后每个组派个代表陈述他们搜集到的信息，各组进行交流，从做中学，这样不仅使学生重视这门课程，还可培养学生协作的能力。

（二）教师在职培训

目前，教师在职培训是我国教师信息技术素养培训的一种主要形式。在职教师中，有很大一部分教师的信息时代对教育提出了新的要求，教育已不再仅仅是为学生建立扎实的知识基础，还包括全面提升学生的素质，其中一个重要的内容就是对信息的归纳、概括以及分析判断能力。这就需要教师不断完善自身的信息素养和技术能力结构，只有这样，才能够适应教育信息化的发展。素养较低。因此，对在职教师的信息技术素养进行培训有利于教师更好地面对信息化时代带来的挑战。

具体而言，教师在职培训的方式主要有校本培训、学位进修、短期培训、自发研修。

1.校本培训

校本培训具体包括学校利用一定的时间组织的信息技术培训及信息技术与课程整合的教学观摩等。

2.学位进修

学位进修主要包括通过学习进行本科学位的自考与函授及获取信息技术教育等学科的研究生学位等。

3.短期培训

短期培训是各高等院校、教研部门等组织常采用的培训形式。例如，政府部门组织的骨干教师培训。

4.自发研修

自发研修的形式具体包括以下几点：第一，订阅教育技术和信息技术教育方面的相关书籍和杂志；第二，积极参加网络论坛的专题讨论，借鉴经验；第三，积极参加各种研讨会，与一些成功人士进行交流与沟通。

四、教师要完成自身的转变

要提升教师信息技术素养，最重要的是靠教师自身不断的努力，具体应做到以下七点：

第一，更新教育观念。教师要勇于打破传统观念，解放思想，突破传统的教育模式和

思维方式，树立新型的教育理念，充分认识到信息技术在现代教学中的重要性。

第二，教师在教学中应将传统的封闭式、单一化的教育转变为开放式、多元化的教育。

第三，教师应将简单地向学生传播知识转变为引导学生进行自学。

第四，由终结性教育转变为终身性教育，教师必须不断学习，抓紧一切机会学习，把终身学习当成自己的生存前提，要与时俱进，不断更新自己的知识。

第五，教师应将整齐划一的课堂教育转变为针对学生个性差异开展的教育。

第六，在进行信息化教学时，教学手段要由静态的物质载体转变为多功能的动态多媒体。

第七，教学模式由课堂讲授式向协同式学习转变，但在这个过程中要避免全盘舍弃的倾向，要将信息观念与已有教育观念相融合，逐步确立信息时代教育的新意识、新观念。

参考文献

[1] 吕浔倩.信息化高职教育教学管理研究[M].西安：西北工业大学出版社,2019.

[2] 张贞云.教育信息化[M].青岛：中国海洋大学出版社,2018.

[3] 田方，徐丽丽，吕仁顺.教育教学管理[M].天津：天津科学技术出版社,2020.

[4] 范福兰.我国教育信息化实证测评与发展战略研究[M].武汉：华中师范大学出版社,2018.

[5] 孙绍荣.教育信息学[M].北京：人民教育出版社,2019.

[6] 殷旭彪.当代教育信息化理论与实践研究[M].北京：中国书籍出版社,2018.

[7] 郭亦鹏.高校教学管理信息化建设[M].长春：吉林大学出版社,2016.

[8] 贾素娟，杜钰，曹英梅.学生教育与教学管理研究[M].北京：中国商务出版社,2019.

[9] 王勤香，朱政德.信息化与新媒体时代高职教育教学研究与实践[M].郑州：黄河水利出版社,2021.

[10] 寇拥军.小学信息技术与信息化工作实践与探究[M].西安：西北大学出版社,2020.

[11] 杨萍，王运武，李璐."一带一路"沿线国家教育信息化发展研究[M].南京：河海大学出版社,2019.

[12] 王伟，王静，林文.审计信息化[M].北京：北京理工大学出版社,2020.

[13] 黄贤明，梁爱南，张汉君."互联网+"背景下高等教育信息化的改革与创新研究[M].长春：东北师范大学出版社,2018.

[14] 李红波.职业教育信息化教程[M].桂林：广西师范大学出版社,2013.

[15] 钟祥.教育[M].贵阳：贵州大学出版社,2019.

[16] 胡立厚.教育管理学探索与教学实践[M].长春：吉林人民出版社,2020.

[17] 唐启焕，覃志奎.中职学校信息化发展的策略研究[M].北京：北京理工大学出版社,2019.

[18] 郝伟.大数据时代下信息化教学的实践与应用[M].北京：北京工业大学出版社,2019.

[19] 陆灵明.初中信息技术优秀教学案例评析[M].成都：西南交通大学出版社,2018.

[20] 姚玉清.现代教育信息化管理[M].上海：同济大学出版社,2012.

[21] 吴朋涛，王子烨，王周.会计教育与财务管理[M].长春：吉林人民出版社,2019.

[22] 肖博.数字化校园探索与信息化管理能力评估[M].北京：国防工业出版社,2017.

[23] 耿斌.信息化背景下计算机网络与教育创新研究[M].西安：西北工业大学出版社,2019.

[24] 武琳.信息化教学中英语翻转课堂教学模式的建构与教学实践[M].北京：九州出版社,2018.

[25] 聂凯.移动网络课堂与信息化教学资源的传播分析[M].成都：四川大学出版社,2018.

[26] 汪应，陈光海，韩晋川.高校教师信息化教学能力构成研究[M].重庆：重庆大学出版社,2018.

[27] 彭仁兰，王根深，赵鹏东.高校学术研究论著丛刊（艺术体育）——体育教学改革创新与信息化教学研究[M].北京：中国书籍出版社,2022.

[28] 张蕾.信息化环境下移动课堂教学模式研究[M].长春：东北师范大学出版社,2017.

[29] 苏亚涛.高校信息资源管理研究[M].合肥：合肥工业大学出版社,2017.

[30] 刘宏，张丽.大学信息技术应用[M].西安：西北大学出版社,2019.

[31] 吴良勤，付琼芝.信息工作与档案管理：第2版[M].武汉：华中科技大学出版社,2017.

[32] 宁涛主.管理信息系统设计与实践教程[M].武汉：华中科技大学出版社,2018.

[33] 秦柳，杨春瑶.会计信息化同步练习与综合实训[M].石家庄：河北科学技术出版社,2018.

[34] 张有录.信息化教学概论[M].北京：中国铁道出版社,2012.

[35] 吝春妮.互联网时代的现代教育技术教学改革[M].北京：中国书籍出版社,2019.